U0839726

财神信俗文化研究文集

Research Collection on the Culture of Beliefs and Customs Surrounding the God of Wealth

释耀慈 —— 主编

中国美术学院出版社

民俗

《财神信俗文化研究文集》

Preface 前言

■ 杨建新

在我们国家众多的非物质文化遗产项目中，恐怕没有一个能与百姓的生活有着如此紧密的联系，无论是在遥远的过去还是在当今的时代，无论是在广袤的乡村还是在喧嚣的都市，它始终根植于民间，与人们的生活难舍难分，这便是财神信俗。

财神信俗的表象，是人们通过一定的仪式仪轨进行特定的神祇崇拜及相关活动，表达对获取财富的祈求和愿望，而究其本质，则是人们发自内心的对富裕美好生活的追求和向往。

从某种意义上说，追求富有幸福的生活是人类的本性。人类即便在蒙昧时代，也已经通过原始宗教及图腾崇拜活动，表达渴求温饱等愿望。到了农耕时代，丰衣足食则成为祈盼的主要愿景。随着社会的进步和生产力的提升，人们渴望拥有财富来改善生活的愿望越来越迫切，并由此产生了不同的宗教信仰、神祇崇拜以及一系列相关的习俗。可以说，世界上不同国家民族的人们，都有着自己独特的追求财富的信仰崇拜和民间习俗。

中国是拥有五千年文明史的古老国家，中华民族又是世界上最为勤劳智慧的民族。在漫长的历史进程中，一代又一代的炎黄子孙为追求富足幸福的生活，开疆辟土，筚路蓝缕，艰苦卓绝，创造了人类历史上的无数奇迹，也形成了博大精深的中华文化。财神信俗文化就是其中独特而富有生命力的组成部分。

如同中华传统文化的浩瀚和厚重一样，中国的财神信俗文化是那样的丰厚、多元而又深入人心。远的不说，至少在宋代，随着社会经济文化的繁荣以及民间习俗的演变，在中国人的民间信仰中开始出现主管财富的神灵即财神，而后，供奉财神逐渐成为中国人普遍的民间信仰和生活方式。随着时间的推移，财神信俗不断演变，陆续有新的人物和宗教偶像被奉作财神，使得财神文化越来越丰富，财神信俗成为中国民俗文化中的重要事象，遍及全国，深入民间，且不同地域各具特色。时至今日，财神信俗已经成为自成系统而又丰富包容的民间信仰习俗体系，它与佛教、道教有关联，也与传统儒学分不开。它所供奉的神灵，不仅来自佛教和道教，更来自于受人尊敬的历史人物及民间信仰，而它的活动仪轨，又与百姓的生活和传统节庆活动紧密相连。今天，虽然我们身处科技时代和工业社会，然而，正因为财神信俗寄托的是人们对美好生活的愿景，因此它依然与当代人们的生活无法分开。

始创于东晋咸和元年（公元 326 年）的杭州北高峰灵顺寺，历史悠久，积淀深厚。它不仅是江南名寺，佛教古刹，因北宋时在寺内供奉“五显财神”而又被称为“财神庙”，至明代更因大才子徐渭题“天下第一财神庙”而声名大噪。求财祈福者络绎不绝，历久不衰。今天的灵顺寺，融佛教文化、财神文化和民间习俗于一体，既因千年佛寺而名声遐迩，也因财神信俗而吸引八方。不仅体现了中华传统文化的包容和博大，也成为广大人民群众举行许愿纳福、祈求生活美好相关习俗的重要场所。

2011 年，以灵顺寺为申报和保护单位，财神信俗作为我省重要的传统民俗活动，被杭州市政府列为第四批非物质文化遗产保护项目。十几年来，政府有关部门将财神信俗纳入了杭州市非遗保护的整体规划之中，并给予了充分的关注和重视。灵顺寺在印旭方丈的带领下，更是作为这个项目的重要基地，在保护传承方面做了大量的工作。印旭方丈圆寂之后，在寺院当家耀慈监院的主持下，灵顺寺一以贯之，继续用心做好财神信俗的非遗保护工作。

2023 年秋，为进一步深化财神信俗的保护传承工作，研究探讨财神信俗在当下如何正确把握方向，有效引导，使之更好地融入广大人民群众的生活。灵顺寺发起组织财神信俗文化研究院，约请省内高等院校、社会科学研究机构专家学者及非遗保护工作者进行深入研讨，并就相关课题进行了研究。编入本书的就是其中的主要研究成果。

本书汇集了 10 余位专家学者的研究文章。这些文章，从不同的视域和不同的语境，对财神信俗的起源、流变尤其是当下的境况做了分析。对其作为重要民俗事象的群众基础，以及与当代人民群众生活的紧密关联做了充分肯定。对推动文旅融合促进产业发展和有效保护提出了建议。尤其对如何引导广大群众特别是青少年树立正确的财富观，以劳动和创造获取财富阐明了看法。因为是学术研究，我们不可能也不应该要求所有的文字都无懈可击，但我相信，这些研究成果，无论是对于民俗事象的非遗保护，还是对于财神信俗的健康传承，都是有所裨益的。

为此，感谢所有为本书付出劳动的作者和相关人员。

2024 年 8 月

Contents 目录

“和”文化在灵顺寺财神信俗文化中的重要体现和意义

释耀慈 杭州北高峰灵顺寺监院

摘要:“和”文化，作为中华文化最为亮丽的瑰宝，始终贯穿于中华民族的发展历程中。灵顺寺，这座被誉为“天下第一财神庙”的古老寺院，自古以来便是众多信众心中的圣地。它不仅以其深厚的宗教文化底蕴吸引着无数信众，更以其独特的财神信俗文化，展现了中华民族“和”文化的精髓。在这里，“和”文化在财神信俗文化中得到了充分的体现，并被赋予了深远的意义。

关键词:灵顺寺；“和”文化；财神之“和”；信仰之“和”；习俗之“和”；人文之“和”；人与自然之“和”；意义之“和”；未来之“和”

一、“和”文化

中国，这片古老而富饶的土地，承载着五千年的辉煌历史与灿烂文明。在这漫长的岁月里，中华民族始终坚守着“和为贵”“天下为公”的崇高理念，以“和而不同”的文化精神，凝聚起亿万人民的力量，共同书写着国家的辉煌篇章。

“和”文化，作为中华文化最为亮丽的瑰宝，始终贯穿于中华民族的发展历程中。它不仅仅是一种思想理念，更是一种生活方式和社会风尚。在中华民族的历史长河中，“和”的观念始终发挥着“轴心”的作用，引领人们向着和谐、稳定、繁荣的方向发展。

同时，“和”文化还承载着中华民族的历史记忆、价值观念、信仰民俗和艺术智慧。它以深厚的历史底蕴、丰富多样的表现形式和独特的文化体系，成为世界文化宝库中的重要组成部分。无论是传统的节日庆典、民间艺术，还是现代的文化创意、科技创新，都深深地烙印着“和”文化的精神内涵。

二、灵顺寺“和光同尘”

灵顺寺，这座拥有1600多年历史的古老寺庙，自东晋咸和年间由印度高僧慧理禅师创建以来，便以其深厚的历史底蕴和独特的文化魅力，成为中华文化中的一颗璀璨明珠。它不仅是中国佛教文化的重要载体，更是一个多元文化交融共生的独特传承场所。

在灵顺寺这片神圣的土地上，多元文化和光同尘般相互交融、共生共存。佛教文化以其慈悲与智慧，为人们提供心灵的寄托和指引；灵顺寺的财神文化以其独特的财富观念，激励人们积极追求生活的富足和美好；灵顺寺的民俗文化以其丰富多彩的形式，展现华夏民族的生活面貌和精神风貌；灵顺寺的建筑艺术以其古朴典雅、雄伟壮观的风格，展现了华夏建筑艺术的独特魅力；灵顺寺的文物古迹见证了灵顺寺的千年沧桑。灵顺寺汇聚了历代文人墨客的足迹与智慧，其深厚的文化底蕴和独特的历史价值，共同铸就了其非凡魅力与卓越地位，是中华文化传承与创新的重要场所。这些文化元素在灵顺寺中和谐共处、交相辉映，形成了一种独特而多元的文化氛围。不同文化在交融中保持各自的特点，又在相互碰撞中激发出新的火花。在灵顺寺，我们可以看到佛教的庄严与财神的精髓并存，传统信仰与民俗风情相互渗透，人文艺术与建筑艺术相得益彰。这种多元文化的交融共生，不仅丰富了人们的精神生活，也体现了华夏民族对于和谐文化的深深追求。

正是因为这种和光同尘的多元文化一体的特点，使灵顺寺成了吸引无数游客和信众的圣地。人们在这里可以感受到不同文化之间的交流与碰撞，也可以体验到文化多样性带来的独特魅力。

三、财神之“和”

财神是中国传统文化中主管财源的信仰。根据财神信仰来源划分，主要有道教、佛教、民间三种；从财神类型来说，有文财神、武财神；从财神地位来说，又有正财神、偏财神、准财神之别。在中国传统文化中，财神文化丰富多彩，涵盖道教、佛教和民间等多个层面。

在道教中，财神形象尤为丰富。天官赐福的观念，使天官被视为最早的财神。随后，北魏官员李诡祖因体察民情、广受爱戴，被民间尊为文财神。其形象为红袍玉带，手执元宝，代表招财进宝。元明时期，赵公明由原先的冥神、瘟神形象转变为武财神，因《封神演义》的流传而广为人知，其统领的四位招财神仙更增强了其财神的地位。

佛教中，财神多以护法神或菩萨身边的童男形象出现，如北方多闻天王、黄财神和善财童子。这些财神不仅主管财富，还承载着佛教的教义，如黄财神发愿使众生脱离贫困；善财童子则历经磨难修成正果，象征着佛教的修行与智慧；北方多闻天王的形象寓意着财宝和福报。这些财神代表着人们对财富和福运的追求，同时也提醒人们在追求财富的过程中要保持内心的清净和正直。

在民间，财神形象更为广泛和多元。范蠡、比干等历史人物因在商业、道德或安全保护方面的贡献而被尊为财神。同时，土地神、灶王爷等民间神祇也因与人们生活息息相关而被视为财神。这些财神信仰反映了人们对财富、公平、正义等价值的追求和寄托。

灵顺寺“天下第一财神庙”是财神聚集地，涵盖了文财神范蠡、李诡祖、比干，武财神关公、赵公明和华光财神、黄财神等不同信仰、不同类别的财神形象，展现了财神信仰的庞杂体系和深厚内涵。在这里，不同时代、不同地区、不同阶层、不同领域、不同行业的人们都能找到寄托自己财富思想的财神形象。

要探讨灵顺寺财神之“和”，就要特别介绍两位在不同领域享有崇高地位的财神：关公和华光。他们身上体现的华夏文化精髓——忠孝文化，更是将灵顺寺财神信仰升华到了一个新的高度。

在佛教中关公被尊为护法伽蓝菩萨，以其威猛善战之姿守护佛法，被信徒们视为护持正道的神圣存在。在道教中，关公被尊为协天大帝，拥有无上的神力和威严，信徒们往往祈求他护佑平安、消灾解难。儒教则尊关公为文衡帝君，关公以忠义仁勇之品德为世人所敬仰，被尊为道德的楷模和文化的象征。在民间信仰中，关公更是备受尊崇，被誉为武财神。商家们常常供奉关公像，祈求财运亨通、生意兴隆。关公以其忠诚、勇敢和公正的精神成为中华民族精神的重要组成部分。

华光在佛教中被称为华光菩萨，以智慧和慈悲著称，受到信众的虔诚供奉。在道教中，华光被尊为灵官马元帅，其英勇善战的形象深受信徒敬仰。在民间，华光更是广受欢迎，其孝道和忠诚精神与传说相契合，成为民间信仰的一部分，因此被尊为华光财神，商贾们常祈求其庇佑财运亨通。

灵顺寺的前身因供奉华光财神而被称为华光庙，华光的身份和故事融合了佛教、道教和民间信仰，展现了华夏文化多元而包容的特性，以及华夏民族以孝为先的文化内涵，“天下第一财神庙”由此而得名。

华光财神和关公都以忠孝节义著称，其形象不仅代表着财富和福运，更体现了华夏民族对忠孝文化的尊崇和传承，以及华夏民族永恒不灭的民族精神。

在中国传统文化中，财神不是某一位神，而是一种象征财富的符号，是以财神信仰为基础形成的庞杂的财神谱系，反映了不同时代、不同地区、不同阶层、不同领域、不同行业的人在财神身上寄托的财富思想。

财神是一个吉祥符号，人们希望得到财神的保护，又希望能致富以提高生活水平。人们崇拜财神的同时也宣扬了公平、公正等品德，以及平衡了“礼”“利”“益”和“义”等价值观念。这些财神不仅是人们祈求财富的象征，更是道德、智慧和公平等价值的体现。

四、信仰之“和”

灵顺寺作为一处拥有 1600 多年历史的古老寺庙，不仅承载着丰富的历史底蕴，还汇聚了财神信仰、佛教信仰、道教信仰和民间信仰等多种信仰文化。这些信仰共同构成了灵顺寺独特的文化魅力，为杭州乃至全国的文化发展做出了积极贡献。

佛教信仰、道教信仰和民间信仰，这些信仰在灵顺寺的文化中各自体现了重要的作用。

首先，佛教信仰在灵顺寺中占据了重要的地位。寺庙内的僧侣们通过诵经、礼佛等宗教活动，传承和弘扬了佛教的慈悲、智慧和包容精神。这些活动不仅有助于信众净化心灵、提升道德修养，也为社会的道德建设提供了有力支持。同时，佛教信仰也是中国传统文化中的重要组成部分，对于塑造民族性格和文化精神具有重要作用。

其次，道教信仰在灵顺寺中也得到了体现。道教强调人与自然的和谐共生，倡导无为而治、顺应自然规律的思想。这种信仰在培养人们的自然观念、环保意识，以及鼓励人们追求内心平静等方面都具有积极意义。在灵顺寺中，道教信仰与佛教信仰相互交融，共同构成了寺庙多元的文化内涵。

最后，民间信仰在灵顺寺的财神信仰中也占据了一席之地。民间信仰通常包含了对祖先、神灵的崇拜，以及对各种超自然力量的信仰。在灵顺寺中，民间信仰以财神信仰的形式得以延续和发展。人们通过祈求财运亨通、生意兴隆等方式来表达对美好生活的向往和追求。这种信仰方式不仅丰富了人们的精神生活，也在一定程度上促进了商业的繁荣和社会经济的发展。

总之，佛教信仰、道教信仰和民间信仰在灵顺寺的财神信仰之“和”中都发挥了重要作用。财神信仰不仅塑造了寺庙独特的文化魅力，还满足了人们对美好生活的向往，同时在推动社会和谐稳定、促进经济发展及弘扬传统文化等方面都具有积极意义。

这种多元信仰的和谐共存，正是“和”文化在灵顺寺财神信俗文化中的生动体现。信众们不论信仰何种宗教，都能在灵顺寺找到共鸣和归属感，共同追求幸福与吉祥。

五、习俗之“和”

灵顺寺的习俗丰富多彩，不仅承载着深厚的文化内涵，更体现了人们对美好生活的追求和对信仰的坚守。

每年正月初五的财神生日，是灵顺寺最为热闹的时刻。从初四晚上开始，人们便纷纷上山，带着虔诚的心，祈求财神的庇佑，希望在新的一年里能够财运亨通、事业有成。寺庙里佛香鼎盛、人潮涌动，每个人脸上都洋溢着对美好生活的向往和期待。这种集体性的朝拜活动，不仅加强了信众之间的交流和联系，更让人们在共同的信仰中找到了归属感和认同感。

除了财神的生日，灵顺寺的佛菩萨生日也是重要的宗教节日。每逢这些日子，寺庙都会举行盛大的法会。僧侣们诵经礼佛、信众们虔诚祈祷，为佛菩萨庆生。这些活动不仅展示了佛教文化的博大精深，也传承了华夏民族的优秀传统文化。

此外，农历每月的初一和十五也是灵顺寺佛日增辉的日子。这两天是传统的佛教朝拜日，许多信众选择在这两天前来寺庙上香祈福。他们或求平安健康，或求事业有成，或求家庭和睦。寺庙的僧人们也会为信众们诵经祈福，帮助他们实现心愿。这种习俗不仅丰富了人们的文化生活，也增强了社会的凝聚力和向心力。

这些习俗不仅让人们感受到了信仰的力量和温暖，更在潜移默化中影响着人们的思想和行为。它们教导人们要诚信待人、尊重自然、珍惜生命，这些价值观在现代社会中仍然具有重要意义。

灵顺寺的习俗之“和”是华夏文化的重要组成部分，承载着人们的信仰和期望，传承着中华民族的精神。通过参与这些习俗活动，人们不仅可以感受到信仰的力量和温暖，更可以在共同的文化认同中找到心灵的归宿和精神的寄托。灵顺寺的财神习俗不仅有助于弘扬传统文化，更可以促进社会的和谐稳定和人们的身心健康。

六、人文之“和”

灵顺寺的人文底蕴更是深厚无比。历代帝王、文人墨客的登临都被记载于文献中，为寺庙留下了宝贵的文化遗产。宋徽宗大观年间赐额“灵顺”，清康熙帝留“华光庙”墨宝，乾隆帝赐题字“财神真君”并赋诗一首。在此留下诗词墨宝的还有唐代诗人方干，北宋文豪苏东坡，明代才子邓林、姚肇等。明代文人徐渭题写了“天下第一财神”，故灵顺寺亦有“天下第一财神庙”之称。中华人民共和国成立后，开国领袖毛泽东也曾三次登临北高峰，第三次他题诗一首，该诗被刻碑立于山巅。这些人文艺术为灵顺寺增添了更多的文化底蕴。这些文化遗产不仅仅是历史的见证，更是华夏“和”文化的生动体现。

华夏“和”文化强调和谐、包容与共生，而灵顺寺正是这一文化的最佳诠释者。寺庙不仅接纳了来自四面八方的信众，更成为文化交流的重要平台。通过举办书画文化雅集、出版典籍等活动，灵顺寺将佛教文化与其他文化形式相结合，让更多的人了解并接受佛教文化、财神文化、民俗文化，同时也促进了不同文化之间的交流与融合。

在灵顺寺有一道亮丽的人文风景线——义工善行团，善行团汇聚了众多爱心人士。他们以实际行动践行佛教慈悲为怀的精神，将爱与关怀传递给需要帮助的人。在灵顺寺的庄重与宁静中，他们默默付出，用善举传递正能量，体现了人文之“和”的深刻内涵。他们的存在，让灵顺寺的文化底蕴更加深厚，也为社会增添了更多温暖与希望。义工善行团更是传承了佛教慈悲为怀的精神，他们的善举不仅温暖了人心，更弘扬了社会正能量。灵顺寺，不仅是祈福的圣地，更是文化与善行的交汇点。

在灵顺寺，我们可以感受到华夏“和”文化的独特魅力。寺庙的建筑风格、人文底蕴，都体现了和谐共生的理念。无论是信众的虔诚祈福，还是文人墨客的诗词创作，都展现了一种对自然、对历史、对文化的敬畏与尊重。 灵顺寺是一个充满人文魅力和艺术气息的地方，这些艺术瑰宝不仅让人们感受到寺庙的庄严与神圣，更让人们领略到中国古代文化的深厚底蕴、艺术魅力和历史价值，以及现代文明的风采。

七、人与自然之“和”

灵顺寺“和”文化在体现人与自然的和谐关系上有着独特而深刻的表现。

首先，灵顺寺的选址就充分展现了人与自然的和谐共生。它宛如一颗璀璨的明珠镶嵌在风景秀丽的北高峰之巅，地理位置得天独厚，拥有广阔的视野和清新的空气。站在灵顺寺的平台上，东望可见西湖、钱塘江及江东的萧山区等，一览无余地欣赏到杭州的美丽地理风光；南望则可见灵隐寺、永福寺在山下，韬光寺在山腰，天竺群山环绕在山前，飞来峰横卧在北高峰和天竺群山间，四周环境清幽、植被茂盛、景色壮丽，与大自然融为一体。这种选址理念，既体现了古人对自然的敬畏和尊重，也体现了他们对人与自然和谐共生的深刻理解。

其次，灵顺寺的建筑风格也充分体现了人与自然的和谐统一。寺庙的建筑多采用木质结构，色调淡雅，与周围的自然环境相得益彰。同时，寺庙的布局也充分考虑了自然环境的因素，如利用地形、植被等自然元素来营造宁静、祥和的氛围。

更为难得的是，灵顺寺的信众们在祭拜财神的同时，也在积极地保护生态环境。他们尊重自然、顺应自然，认为只有与自然和谐相处，才能获得真正的财富和幸福。这种对自然敬畏、与自然和谐共处的理念，不仅体现在他们的行为上，更融入了他们的信仰之中。

灵顺寺信众们在日常生活中相互尊重、相互理解，形成了和谐的人际关系。他们在这里交流心得、分享经验，不仅增进了彼此的了解与尊重，也推动了社会的和谐与进步。人们通过祈福、参拜等方式，寻求内心的平静与安宁。寺庙内的僧人和工作人员也积极传播正能量，帮助信众们化解心中的烦恼和困惑，实现内心的和谐与平衡。

人与自然、社会、自我之间和谐共处，追求内心的平静与外在的安宁。这种和谐理念在灵顺寺的财神信俗文化中得到了充分体现。灵顺寺不仅是信众们祭拜财神的场所，更是人与自然和谐共生的生动课堂。

八、意义之“和”

灵顺寺财神信俗文化中的“和”文化意义又何在呢？

首先，“和”文化有助于促进不同信仰之间的交流与融合。在灵顺寺这样的场所，不同信仰的信众可以共同交流、学习，增进彼此的了解与尊重。这种交流与融合不仅有助于推动宗教文化的多元发展，也有助于增进社会的和谐与稳定。

其次，这种独特的“和”文化有助于培养人们的包容心态。在财神信俗文化中，人们可以学会尊重并接纳不同的信仰和习俗。这种包容心态不仅有助于增进人与人之间的理解与信任，也有助于推动社会的和谐与进步。在当今社会，随着文化多元化的不断发展，我们更需要具备包容心态，尊重并接纳不同的文化和信仰。

华夏“和”文化在灵顺寺财神信俗文化中的重要体现，也有助于传承和弘扬中华民族优秀的传统文化。通过参与财神信俗活动，人们可以更加深入地了解和体验“和”文化的内涵与价值。这种优秀传统文化的传承与弘扬不仅有助于增强人们的民族认同感和自豪感，也有助于推动中华文化的繁荣与发展。

九、未来之“和”

“和”文化在灵顺寺“天下第一财神庙”的财神信俗文化中得到了充分的体现和彰显，被赋予了财神信俗深远的意义。这种体现不仅有助于促进不同信仰之间的交流与融合、培养人们的包容心态，还有助于传承和弘扬中华民族优秀的传统文化。因此，我们应该更加重视并深入挖掘“和”文化在财神信俗文化中的价值，以推动社会的和谐与进步。

在未来，灵顺寺将继续发挥其独特的文化功能，成为拥有不同信仰的信众交流融合的桥梁和纽带。同时，也希望更多的人能够了解并参与到财神信俗活动中来，共同感受财神信俗“和”文化的魅力与价值。只有这样，才能真正实现社会的和谐与进步，共同创造一个更加美好的未来。

此外，“和”文化在现代社会中起着重要作用。在全球化日益深入的今天，不同文化之间的交流与碰撞日益频繁。在这种情况下，更需要以“和”文化为引领，推动不同文化之间的和谐共处与共同发展。弘扬财神信俗“和”文化，可以增进各国人民之间的友谊与信任，推动构建人类命运共同体。同时，我们也应该认识到财神信俗“和”文化并非一蹴而就的。它需要在日常生活中被不断践行、不断传承。只有这样，人们才能真正将财神信俗“和”文化内化为自己的精神追求和行为准则。

总之，“和”文化在灵顺寺——“天下第一财神庙”的杭州市非遗项目财神信俗文化中得到了充分的体现和彰显，被赋予了深远的意义。灵顺寺将会更加重视并深入挖掘这一文化的价值，以推动社会的和谐与进步。同时，灵顺寺会积极传承和弘扬财神信俗文化，让其在现代社会中发挥更大的作用，为人类的共同繁荣与发展贡献力量。灵顺寺还会结合具有无上价值的佛法，号召学佛人勇敢担荷佛陀教旨所托的文化使命，应怀爱国之心，担家庭社会之责。他们应将佛法实践于社会，通过道德劝化净化人间，努力改造社会，不负佛与众生。同时，他们应面向全球，面向未来，开阔视野，以开放的心态、清醒的时代意识，紧扣人类文化重建的脉搏，共筑美好人间、共建庄严国土，方显佛法不离世间的真意与价值！

财神信俗文化的溯源

王利华
杭州北高峰灵顺寺财神信俗非遗保护项目部主任

摘要：灵顺寺，被誉为“天下第一财神庙”，这座独特古刹由底蕴厚重的佛教文化、源远流长的财神信仰、深入人心的民间习俗融合而成，展现了天人合一的智慧与魅力。灵顺寺作为活态传承载体，其财神信俗文化也是中华文化的重要组成部分。灵顺寺不仅传承着中华民族优秀的传统美德和正确价值观念，而且弘扬了华夏核心“忠孝”精神，增强了民族自信心和凝聚力，促进了社会和谐与经济发展，同时又丰富了人们的精神世界，提升了人们的生活品质。

关键词：灵顺寺；财神文化；信仰习俗；非遗传承；财神文化夙愿

一、财神文化

灵顺寺，被誉为“天下第一财神庙”，其财神文化源远流长，深入人心。历史上灵顺寺曾以“财神庙”著称。东晋咸和年间，开山鼻祖慧理建灵顺禅寺；唐代天宝年间，灵顺禅寺僧人子捷在寺旁建北峰塔一座，浮屠七级，灵顺寺遂成为其塔院；宋时，因为奉祀“五显灵官”（又名“华光菩萨”“华光财神”），灵顺寺被俗称为“财神庙”，因寺内设殿别名“华光”，故民间又称其为“华光庙”。当时供奉的华光菩萨也被俗称为华光财神，华光可以说亦道亦佛，在佛教和道教中皆各有来头。佛教称之为“华光菩萨”，道教则称五显灵官马元帅，《西游记》《水浒传》和《南游记》中都记载了华光身份的转变。华光最早是如来面前的油灯，因听经问法而成人，名为妙吉祥。他因火烧灵山被罚投马耳山成为三眼灵光，由于灵魂不灭，他又投胎为三眼灵耀，拜道教妙乐天尊为师，并化师父的金刀为金砖作为法宝。灵耀后因打了玉帝的太子，自称华光天王而惹祸，再次下界投胎。华光天王再次出世后，为救母反天庭、闹四方。如来念华光一片孝心，让华光发愿救母成功后归顺佛门。华光的武艺高强，灵魂不灭，他经历三次轮回，因其孝道再次被封为华光菩萨，民间奉其为华光财神。华光菩萨是一个跨越佛教和道教的神灵，又是佛祖释迦牟尼的所谓十弟子之一、号称智慧第一的舍利弗。

宋徽宗大观年间寺庙被赐寺额曰“灵顺”，故自此世称之为“灵顺寺”。明代著名文人徐渭曾游北高峰题写了“天下第一财神”，清乾隆帝赐“财神真君”匾额，这些使得灵顺寺财神信俗文化在华夏文化中具有举足轻重的地位。

灵顺寺分前后二进，一进供奉着文财神范蠡，范蠡有着军事家、思想家、文学家等多重身份，历史上记载他三次“千金散去还复来”。智慧与财富并重，其文化精髓在于商道智慧、生财有道，他是商贾之道的楷模与财富的象征，是华夏商圣鼻祖，“经商十八忌”就出自范蠡。

五观堂供奉文财神李诡祖，其清廉爱民、造福一方、开创农业、慈善的形象和被赐封三次的经历，使他成为财富和福报的象征。他的故事告诉人们，财富的积累需要正直和善良的品质作为支撑。他象征着文化与财富的双重繁荣，且“连升三级”之词和祈福的元宝、摇钱树等都由李诡祖的财神传说而来。

六和堂供奉着武财神关公，关公在佛教中被尊为伽蓝菩萨，以护持佛法、守护寺庙为己任，在佛教故事中展现了勇猛无畏、慈悲护众的佛性。在道教中，关公则被尊为武圣帝君，以忠义仁勇的品质为世人所敬仰，成为道教信仰中的重要护法神祇。

因此，关公不仅体现了佛教的慈悲与智慧，也展现了道教的勇猛与正义，成为亦佛亦道的独特存在，深受人们的尊崇与信仰。关公以忠义仁勇著称，其文化精髓在于诚信守义、威武护财，象征着对财富与平安的双重守护。他不仅是以诚信为本、义中取利的商业精神的象征，也代表着朋友之间的忠义之情和随时守护他人安全的信念。

二进大殿供奉正财神赵公明，他的形象体现了人们对财富和美好生活的向往。同时，他也被视为祛邪、避灾、祈福的象征，寄托了人们的美好愿望。赵公明司掌世间财源，作为正财神，象征着财富与福运的汇聚。

华光菩萨又名华光财神，以其火之威猛和财富之丰盈著称，并以“领以答下民妻、财、子、禄之祝，百叩百应”的法力，成为民众祈求财富和福祉的对象。他的存在让人们相信，通过虔诚的祈求和努力，人们可以财富显赫、运势昌隆、幸福美满，因此他象征着财富与好运的炽热光芒。

比干财神以忠诚正直闻名，其文化精髓在于公正无私、清廉自守，是财富正道与道德典范的象征。

黄财神是密教护法神祇和诸财神之首，也是佛教多闻天王的化身，其形象寓意着财宝和福报。他代表着人们对财富和福运的追求，同时也提醒人们在追求财富的过程中要保持内心的清净和正直。其文化精髓在于财宝丰盈、福报无边，他是财富与福运的守护神。

灵顺寺的财神文化还体现在每一尊佛菩萨的慈悲与智慧上。弥勒佛的宽容与希望让我们看到未来的光明；释迦牟尼佛的智慧与解脱让我们懂得内心的平和与觉悟的重要性；观世音菩萨的救赎与倾听让我们明白世间疾苦都值得被关爱与关心；地藏菩萨以大悲心度众生，脱离轮回证涅槃，展现无尽慈悲与救渡；文殊菩萨以智慧为本，无私利人入大智，智慧与慈悲完美交融；普贤菩萨行十大愿，身体力行利众生，坚定修行，展现广大慈悲。

灵顺寺财神文化深深植根于华夏大地，历经千年传承，引导我们敬畏与珍视生命，教导我们珍惜每一个当下，修善积德，因为每一个行为、每一个念头，都会成为我们未来生命的种子。这种对生命的深刻洞察，让我们珍惜善待自己与他人，更是一种生活智慧和精神寄托，对广大民众产生了深远的影响。

财神文化所蕴含的精髓，首先是勤劳致富的理念。无论是文财神范蠡的智慧与财富并重，还是武财神关公的忠义仁勇、华光救母的以孝为先，他们都以自己的方式告诉我们，财富的积累离不开正直的德行、辛勤的努力和对智慧的运用。只有脚踏实地、勤勉工作，才能在生活中获得丰盈的回报。

其次，财神信俗文化也强调以诚信为本的商业精神。在财神们的身上，我们看到了诚信、守义、公正无私等光辉的品质。这些品质不仅是商业成功的基石，更是我们为人处世的基本原则。只有以诚信为本，才能在商业竞争中立于不败之地，赢得他人的尊重和信任。

灵顺寺“天下第一财神庙”的财神信俗文化不仅仅是一种信仰，更是一种生活态度。财神信俗文化还倡导人们要有正确的财富观。财富并非生活的全部，而是实现人生价值和幸福的手段之一。我们应该珍惜财富，但更要懂得分享和回馈社会。用财富去造福他人，不仅能让我们的生活更加充实和有意义，也能让我们的心灵得到升华和净化。

二、财神信俗

灵顺寺，千年古刹，文化璀璨，财神信仰源远流长，自古以来便是商贾云集、祈求财运亨通之地，汇聚众生心愿。寺庙内供奉的财神像，栩栩如生、金碧辉煌，灵顺寺被誉为“天下第一财神庙”，信众络绎不绝，所求皆灵，故得此美誉。每逢正月初五财神生日，灵顺寺便成为一片欢乐的海洋。信众们从四面八方涌来，虔诚地祭拜财神，祈求新一年的财运亨通、生意兴隆。这种集体性的朝拜活动，不仅让人们感受到了信仰的力量，也让他们体验到了中华传统文化的魅力。

灵顺寺更因“灵”与“顺”二字，成为信仰与和谐之象征。“灵”者，心灵感应，信仰之力。众生在灵顺寺祈求财运亨通，心诚则灵，所求皆应。财神之灵验，非空口无凭，乃是信众们亲身验证，口口相传。故灵顺寺之名，远播四海，成为求财祈福之圣地。

“顺”者，顺遂心愿，和顺人生也。在灵顺寺，信众们祈求的不仅是财富，更是生活的顺遂与和谐。顺遂者，事事如意，所求皆得；和顺者，人心向善，社会和谐。灵顺寺的信仰与习俗，让人们在追求物质财富的同时，更注重精神世界的丰富与和谐。

在杭州的灵顺寺，财神信仰得到了充分体现，使得这里成为了全国乃至全世界财神信仰的圣地。灵顺寺“天下第一财神庙”财神信仰，深深植根于中华传统文化之中，它不仅仅是一种宗教信仰，更是一种民间习俗，寄托着人们对美好生活的向往与追求。

除了庆祝财神生日，灵顺寺的民间习俗也是丰富多彩。每月的初一和十五，是传统的佛教朝拜日。在这一天，来寺庙内进香朝拜的信众们手持香烛，虔诚地跪拜在佛像前，祈求平安健康、事业有成、家庭和睦。寺庙的僧人们也会为信众们诵经祈福，让人们在信仰与习俗中找到心灵的慰藉。

此外，灵顺寺还流传着许多与财神信俗相关的民间故事和传说。这些故事不仅丰富了人们的文化生活，也加深了人们对财神信仰的理解和认同。这些故事和传说，仿佛一种无形的纽带，将人们紧紧地联系在一起，共同传承着这份古老的信俗。

在灵顺寺，财神信仰与民间习俗相互交织，共同构成了一幅幅美丽的画卷。这些画卷不仅展现了中华传统文化的博大精深，也展现了人们对美好生活的追求与向往。在这里，信仰与习俗、文化与社会和谐共生，共同演绎着一曲曲动人的乐章。

总之，灵顺寺的财神信仰和民间习俗是中华传统文化的重要组成部分，它们不仅丰富了人们的精神生活，也促进了社会的和谐稳定。在这里，人们可以感受到信仰的力量，体验到中华文化的魅力，共同走向更加美好的未来。

三、人杰地灵

灵顺寺，被誉为“天下第一财神庙”，在这座独特古刹内底蕴厚重的佛教文化、源远流长的财神信仰、深入人心的民间习俗融为一体。财神信俗文化更与灵顺寺独特的地理位置和历史背景紧密相关。以前经常会听到“天人合一”这个词。“天人合一”是一种生活态度和价值观念，强调了对于宇宙万物、人类社会，以及生命的认知和把握。这种思想观念在中国传统文化中占据着重要的地位。灵顺寺的选址与其他寺院的不同之处在于其独特的地理位置——杭州北高峰山巅。这一选址不仅使灵顺寺成为杭州最高的寺院，还赋予了它一种超凡脱俗、高瞻远瞩的气质。

从风水布局的角度来看，灵顺寺位于杭州高峰之巅，充分体现了古人对风水的精妙运用。在风水学中，高山之巅被认为是神灵所居之地，具有特殊的灵气和能量。古人将寺庙建于其上，既能够借助山势的威严，增添寺庙的庄严神圣之感；又能使寺庙与自然环境和谐相融、人与自然和谐共生，让人与自身修行达到天人合一的境界。相较于其他多位于山脚或平地的寺院，灵顺寺矗立于山顶，更显得庄严神圣，似乎与天地同呼吸，与宇宙共命运。

灵顺寺这座独特的古刹不仅是信仰的圣地，更是人文与艺术的殿堂。它的建筑艺术与文物艺术相互辉映，犹如两颗璀璨的明珠，在历史的长河中熠熠生辉。寺庙主殿为明末清初所建，其建筑风格古朴典雅，每一砖、每一瓦都仿佛在诉说着对古老的文化传承。大殿正中的拜石，历经风霜，依旧雕刻精美，充满了神秘与庄重的气息。信众们在此虔诚祈福，希望能得到神灵的庇佑和指引。这块拜石不仅代表了寺庙的信仰和尊崇，更体现了古代人们对自然的敬畏和尊重，而寺庙内的文物艺术品，无论是台阶上的麒麟绣球，还是后殿的龙泉凤池石刻，都充满了艺术的气息和历史的厚重感。这些文物艺术品不仅具有极高的艺术价值，更承载了丰富的历史文化信息，让人在欣赏的同时，也能感受到古代人们的智慧和创造力。

灵顺寺的人文底蕴更是深厚无比。历代帝王、文人墨客登临的文献记载为寺庙留下了宝贵的文化遗产。宋徽宗大观年间赐额 “灵顺”，清康熙帝留“华光庙”墨宝，乾隆帝更赐匾“财神真君”。唐代诗人方干，北宋文豪苏东坡，明代才子邓林、姚肇等，他们留下的这些诗词墨宝不仅展示了他们的才华，也记录了他们与灵顺寺的深厚情谊。明代文人徐渭题写了“天下第一财神”，故灵顺寺有了“天下第一财神庙”之称，堪称华夏财神庙之最。中华人民共和国成立后，开国领袖毛泽东也曾三次登临北高峰，题诗一首，刻碑立于山巅，为灵顺寺增添了更多的文化底蕴。这些历史遗迹和诗词歌赋，都是灵顺寺宝贵财神信俗文化的财富。灵顺寺的创建和历代变迁，都深深烙印着佛教在中国的发展历程。这种历史文化遗产的沉淀，使得灵顺寺财神信俗文化在华夏文化中具有举足轻重的地位，更是华夏“和”文化的生动体现。

四、财神信俗文化的夙愿

灵顺寺，这座坐落在杭州北高峰之巅的古刹，历经千年沧桑，却依然保持着对佛教文化的传承与发扬。它宛如一颗璀璨的明珠，镶嵌在翠绿的山峦之间。这里，是我心灵的归宿，也是我与师父缘分的起点。每当我踏上这片圣地，心中总会涌起一股难以言表的情感，仿佛能听到师父那慈祥而又深邃的声音在耳边轻轻回响。我的师父，是杭州北高峰灵顺寺“天下第一财神庙”的方丈释印旭法师。师父热爱祖国、正信正行、知恩报恩、精进修行、慈悲济世，为弘扬佛法不辞辛苦，为建寺安僧奔波操劳，驻锡灵顺寺以来，亲身劳作，历经十多年，终使古刹重辉，将财神信俗文化远播海内外。师父将一生都奉献给了佛法和灵顺寺以及众生，深受四众弟子、社会各界人士的敬仰。师父的智慧如同深邃的海洋，让人无法窥其全貌；他的慈悲如同温暖的阳光，照耀着每一个需要慰藉的心灵。他的圆寂仿佛一颗璀璨的星辰从天空中陨落，但他的舍利子让师父的智慧与慈悲如同永恒的星光，始终照耀着我们弟子前行的道路。

在师父的感召下，我不断上山，踏访他曾经驻足的这片圣地，探寻他留下的足迹与智慧。在师父的众多著作中，我才得以深入了解灵顺寺这座独特古刹和古人的智慧，以及对灵顺寺财神信俗非遗项目保护、传承、弘扬之重大意义。

灵顺寺作为“天下第一财神庙”美誉的 拥有者，其地位与影响力在中国和全世界都是独一无二的。它不仅仅是名誉的象征，更是对灵顺寺在财神文化方面拥有的深厚底蕴的肯定。

师父把我感召回去的意义逐渐在我心中清晰起来。他希望灵顺寺财神信俗非遗项目能够更好地被传承和弘扬，将华夏核心“忠孝”精华文化传递给更多的人。忠于君国，孝于父母。忠和孝是中国传统文化的核心与灵魂，是中华民族的精神支撑，在当今复杂的社会关系中有着特有的道德约束力。忠孝文化的起源、发展充满历史性，包含着丰富的社会历史价值。他希望在建设中国特色社会主义文化强国中，人们能够继承和弘扬忠孝文化的精神。同时，他也希望把佛教文化中的“正善、正念、正行”理念深入融合在财神信俗中，将其正能量传递给社会，促进社会和谐与繁荣。

财神信俗文化的信念，主要源于人们对美好生活的向往和追求。它承载了人们对于财富、幸福和成功的渴望，同时也体现了中华民族深厚的文化底蕴和精神追求。

首先，财神信俗文化的夙愿在于传承和弘扬中华民族的优秀传统文化。财神信仰作为中华文化的重要组成部分，已经深植于人们的心中，被代代相传。通过传承财神信俗文化，我们不仅可以追溯历史、了解文化渊源，更能够弘扬中华民族的优秀传统，增强民族自信心和凝聚力。

其次，财神信俗文化的夙愿在于促进社会和谐与经济发展。财神信仰不仅仅是对财富的向往，更是一种积极向上的生活态度和价值观。通过信仰财神，人们拥有了勤劳、节俭、诚信等美德，这些美德对于社会和谐与经济发展具有积极的推动作用。同时，财神信俗文化也促进了商业繁荣和贸易发展，为社会经济进步提供了有力的支持。

最后，财神信俗文化的夙愿在于丰富人们的精神世界和提升人们的生活品质。财神信仰不仅满足了人们对物质生活的追求，更在精神层面给人们以慰藉和寄托。在信仰财神的过程中，人们感受到了希望和动力，也学会了如何面对生活中的困难和挑战。这种信仰力量能够激发人们的积极性和创造力，提升人们的生活品质。财神信俗文化的夙愿是多元而深远的，既体现了人们对美好生活的向往和追求，也让我们看到了中华民族优秀的传统美德和价值观念。这些美德和价值观是我们民族的瑰宝，是我们赖以生存和发展的精神力量。传承和发扬财神信俗文化，不仅能够丰富人们的精神世界、提升人们的生活品质，更能够弘扬华夏文化、增强民族自信心和凝聚力。

灵顺寺作为“天下第一财神庙”财神信俗非遗项目活态传承的重要载体，相信在灵顺寺财神信俗文化研究院专家团队的带领下，有关人员共同深入研究与探索、传承与创新，将传统文化与现代元素相结合，一定能够让这一优秀的文化传统在现代社会中焕发出新的光彩，为构建和谐社会、推动人类文明进步贡献一份力量，将财神信俗文化的精髓与意义传递给更多的人。

烟霞洞口“苏东坡财神信俗”初探

连晓鸣
浙江大学非遗研究中心兼职研究员

摘要：杭州烟霞洞口在清末，曾出现一次由钱塘士绅发起的“先为财神，今改琢之”的行为乃为“苏龛”苏东坡像的“雅文化”与“俗文化”之变，120多年的风风雨雨，雅俗双方在这次有意无意的碰撞中，把宋人苏东坡——一位实实在在曾经两度任职于杭州的“诗书才艺伟丈夫”“执政为民好太守”的历史人物，变成了杭州烟霞洞的“财神”苏东坡的美称，成了西湖一位“勤政富民”的“真财神”，并成为杭州第一批市级非遗项目民俗类“满陇桂雨”中信俗的重要内容。

关键词：烟霞洞；雅俗之变；财神像；苏龛；财神；苏东坡

一、起因与问题的提起

2022 年 4 月，笔者应杭州一文化单位之邀，与同行四人考察了杭州第一批市级非遗民俗类项目“满觉陇赏桂”。

满觉陇位于杭州西湖以南、南高峰与白鹤峰夹峙下的自然村落中，是一条山谷。五代后晋天福四年（939 年）建有圆兴院，北宋治平二年（1065 年）改为满觉院，“满觉”意为“圆满的觉悟”，地因寺而得名。满觉陇沿途山道边植有七千多株桂花，有金桂、银桂、丹桂、四季桂等品种。每当金秋季节，珠英琼树，百花争艳，香飘数里，沁人肺腑。

满觉陇自唐代起就遍植桂花。美丽的杭城有绝艳三雪：西溪的芦花，名之秋雪；灵峰的梅花，名之香雪；而满觉陇的桂花，名之金雪。桂花树偃伏石上，开花时满阶满坡都是细细密密的桂花，就像铺了一层“金雪”。唐代诗人白居易写下了“山寺月中寻桂子”的名句，流传至今：

江南忆，最忆是杭州。山寺月中寻桂子，郡亭枕上看潮头。何日更重游？

江南忆，其次忆吴宫。吴酒一杯春竹叶，吴娃双舞醉芙蓉。早晚复相逢？

吴刚的桂花酒是天宫中的名酒，而人间也能品尝到。汉代时，桂花酒就是人们用来敬神祭祖的佳品。祭祀完毕，晚辈向长辈敬用桂花酒，长辈们喝下之后则象征了会延年益寿。

毛泽东同志在《蝶恋花·答李淑一》中也提到了桂花酒，以酒寄情，把一个铮铮铁骨的汉子的柔情写得淋漓尽致，该词写道：

我失骄杨君失柳，杨柳轻飏直上重霄九。问讯吴刚何所有，吴刚捧出桂花酒。

寂寞嫦娥舒广袖，万里长空且为忠魂舞。忽报人间曾伏虎，泪飞顿作倾盆雨。

满陇桂雨，是杭州新西湖十景之一，已经是一个人们比较熟悉的景区，尤其到秋季，杭州市花——桂花飘香时，人们想喝茶的话，首选就是到满觉陇喝茶赏桂。如有余兴则前行至满陇深处，还可游览石屋、水乐、烟霞三洞。在石屋洞内有苏东坡等“到此一游”的石刻，在烟霞洞内有国家级保护文物——五代以来的佛教造像等。

考察期间还发现：据《西湖志》记载，烟霞洞内“由财神改雕的苏东坡像为清代所添补”。清乾隆年间（有误。详见文下），当地把苏东坡当作财神供奉，逢年过节进行祭拜。尤其中秋节期间，满觉陇村桂花盛开的时候，当地百姓便成群结队地赏桂花、祭拜苏东坡像，祈求丰收平安。据满觉陇村唐金奎老人口述，在清代乾隆年间，曾有数名闽浙总督官员几次赴烟霞洞祭拜苏东坡像，途经满觉陇时，向唐家借桌椅，在桂树绿荫下休闲、喝茶、娱乐，吟诗作画。每年中秋佳节桂花开时，赏花人络绎不绝，形成闻名天下的西湖之绝景“满陇赏桂”习俗，一直延续至今。

“满觉陇赏桂”是一个非常不错的非遗项目，但“烟霞洞口财神改作苏东坡像”一事不搞清楚，此非遗民俗类项目等级恐怕难以提升。

二、最迟在清代，烟霞洞已经有财神像及财神信仰习俗

据《西湖志》载：“烟霞洞的造像大致分为三个时期：正壁三世佛、胁侍像、十六尊罗汉以及千官塔孔雀明王等都是五代时期的作品；大中两释迦和弥勒、两菩萨为宋代所增造；由财神改作的苏东坡像则为清代所添补。”[1] 但《西湖志》中未明确由财神改作的苏东坡像，为清代何时所添补。

2022 年下半年，笔者在网上从“闽浙总督官员与烟霞洞”，查到清末一起钱塘士绅的雅文化(新文化)行动，即改原财神像为苏东坡像，称其为“苏龛”，因郑孝胥[2] 题字“苏戡”（与“苏龛”同音）而得名。这是郑孝胥应汤蛰仙所作：

杭州南高峰烟霞洞，东坡尝游处也，寺僧刻岩石为财神，汤蛰仙斥之，易刻坡像，杭人遂题之曰苏龛。蛰仙以书报余，且属作诗：湖山多胜处，名迹谁能辨？南峰公再游，清浊遂一换。凛然执议力，岩石亦革面。奎宿招以来，钱神俄自窜。逐贫与送穷，杨韩弄其翰。今君亦有逐，二子当惊惋。平生吾东坡，异代独眷眷。敢怀争墩意，易此执鞭愿。他年身将隐，姓名应已变。洞口扫花人，安知即风汉。[3]

郑孝胥，号海藏。对苏轼有着无限的敬仰，曾取苏轼“万人如海一身藏”诗意，名其书斋为“海藏楼”。“杭人遂题之曰苏龛，蛰仙以书报余”“先生一字苏龛，故蛰仙属作诗也”，郑氏在长诗中谓“平生吾东坡，异代独眷眷”，且甘作“洞口扫花人”。可见，因郑孝胥的字与“苏龛”之名巧合，郑氏颇为自喜。

郑孝胥诗文中提到的“汤蛰仙”是汤寿潜(1856—1917)，原名震，字蜇先（或叫蛰仙），浙江萧山人，是清末烟霞洞财神像改苏东坡像发起者之一。汤寿潜是清末民初实业家和政治活动家，是晚清立宪派的领袖人物之一（郑孝胥亦参与晚清立宪活动，故由此联系），因争路权、修铁路而名重一时。在被纳入“浙江文化研究工程”的浙江纪念辛亥革命一百周年的《浙江辛亥革命史料研究集萃》中，有专题研究汤寿潜的文章：《汤寿潜与晚清新政》《汤寿潜与清末预备立宪》《苏杭甬铁路借款和浙江人民的拒款运动》《汤寿潜与浙江人文传统》《汤寿潜与“秋案”关系分析》《第一任浙江都督汤寿潜》等十多篇[4]。蔡元培题馆名的浙江图书馆大学路馆（省级文保单位），也是汤寿潜捐款建成的。

大学路馆舍（小营街道大学路 102 号）由浙江都督汤寿潜的儿子汤拙有尊其遗嘱捐资建造。大学路馆坐北朝南，为两层仿西洋式建筑，面积2683.96平方米。平面呈“工”字形，并设地下室，立面采用西洋古典横三段式处理，中间由 16 根陶立克巨柱把建筑立面分割成 15 间，檐壁正中为蔡元培所题“浙江图书馆”匾。室内大厅平顶作井字梁，楼梯两边为爱奥尼克柱。西式结构中，局部点缀着中式小构件。它是本省为数不多的优秀近代建筑之一。[5]

三、苏龛的开凿者和年代

为写本文，笔者查阅了学术文献，目前仅查到两篇直接关联到烟霞洞口“苏

龛”的论文：一篇是潘高升《杭州西湖烟霞洞苏龛造像考述——基于遗存、文献和历史图像的研究》，另一篇是2024年1月浙江飞来峰佛教艺术研究中心编的《首届浙江佛教石窟国际学术研讨会论文集》中段锐的《杭州烟霞洞洞口右侧龛造像的变迁及相关问题》。两文均详细考证了苏龛的开凿者和年代等，虽然有一些具体细节上的差异，但基本结论还是相同的。

关于“苏龛”开凿的年份与提议者，潘高升文提到，作为提议者，丁立诚是“苏龛”开凿活动最核心的人物，丁立诚在辛丑年（即光绪二十七年，1901年）的《小槐簃吟稿》中曾以诗纪此事。“烟霞洞题东坡石像”像先为财神，今改琢之：

财星忽隐官星透，金银气尽露文秀。东坡原是可怜人，契结烟霞老岩岫。烟霞洞府深复深，宛若飞来一灵鹫。千官护法布地金，佛塔雕镌耸云构。天王多宝童善财，罗汉庄严衣袒右。不有钱神主世间，转眼浮云变昏昼。老僧说破野狐禅，富若可求贫可救。百年坐拥不动尊，节彼南山维石寿。寿同金石岂坚牢？泉水出山泻寒溜。三生灵石定前因，天上文昌见奎宿。命宫磨蝎依然贫，遗爱人歌贤太守。香火同结白傅禅，饭颗如吟杜陵瘦。乌纱白葛道人衣，一洗穷居儋耳陋。从今石室祠高联，一曲《神弦》鹤飞奏。

东坡石像“先为财神，今改琢之”，如果所记无误，则东坡像早在光绪二十七年（1901）就已经开凿完成。此后，光绪二十八年（1902），助力开凿苏龛的汤寿潜嘱郑孝胥为苏龛作诗，当时“名流题咏甚伙”；光绪三十一年（1905），陈璚书的时庆莱所作的苏龛联，最终成为刻在苏龛龛檐上最为重要的楹联 。光绪二十八年（1902）、光绪三十年（1904）、光绪三十一年（1905）等三个开凿时间版本，或许“出处”正源于苏龛在开凿后数年间持续进行的文化“营造”活动。因此，最终确定苏龛开凿时间为光绪二十七年（1901年），当没有问题。

图1“苏龛”老照片，潘高升收藏[6]

苏龛的开凿时间定在光绪年间是没有问题的，且改凿之事，乃由丁立诚[7]提议，由陈豪[8]、杨文莹[9]、汤寿潜等人助之。

再查段锐《杭州烟霞洞洞口右侧龛造像的变迁及相关问题》一文。杭州烟霞洞口外右侧现有一空龛，根据现存的晚清民国图文资料可知，该龛内本为财神像，光绪年间由僧人凿刻。光绪三十年（1904年）丁立诚、陈豪等杭州文士以财神像庸俗为由，改刻成东坡坐像，该龛也被杭州人命名为“苏龛”。这一做法既有当时文坛“慕苏”的大背景，也有针砭时弊的意义。其龛名“苏龛”则因与同光体诗人郑孝胥之别字（苏戡）同音，而具有双关之意趣。后来，郑氏接受日满伪职，“苏龛”遂成为烟霞洞记游文章的一大反讽素材。该龛所在位置，现今只留下一个警示性的空龛，供后人凭吊与反思。[10]

两者考证该“苏龛”形成的时间相差3年，潘文认为是1901年，段文认为是1904年，均为清末，与本文研究没有实质性差异，待后考证。

四、从财神到“苏龛”，吸引不少士绅和文人墨客，但也存有异议

从清末（1901—1904）至今120多年的变化看，最初的“财神”变成“苏龛”，确实也是吸引了一批文人墨客。其中大多人对此变化是赞同的，但也有不少对此持有异议，尤其是郑孝胥在伪满洲担任伪总理大臣后，异议更甚。

1919年初秋，傅红薇自上海来游西湖，所著《西湖一勺》记载，在烟霞洞呼嵩阁的石柱联中有“东坡千载人，游于物表；钱塘万顷白，来自云端”一联，由金绍诚撰，郑孝胥书。烟霞洞精舍，还有陈豪题句。陈宝琢则有赠山僧一联。据胡祥翰《西湖新志》载：“吸江亭，二十九年陈璚、僧学信募建……僧学信初于乙巳春募筑石蹬，横斜千级，盘旋而上，种松万株，以蔽游人。复建坊于路口，结合文献记载，疑为‘苏龛’二字。[11]

烟露洞口有陈璚题的“烟霞古洞”。进坊有半亭，于光绪丙午杭州织造盛桂重建。除了开凿苏龛，在前后几年间，呼嵩阁、精舍、吸江亭、蹬道、坊、半亭等都被陆续兴建。现苏龛前的“烟霞此地多”碑即作于光绪二十二年（1896年）。

在上述文人、士绅中，除了在诗和书法上学苏轼的陈豪外，“平生吾东坡”的郑孝胥和“书学苏东坡”的陈曾寿，或许也能为我们了解苏龛开凿的时代、原因提供一个很好的视角。作为中国文化史中罕见的全才，苏轼形象被世人津津乐道。根据罗惠缙的研究，民初移民通过对苏轼图像、遗物、遗迹的吟咏，表达了对苏轼的崇拜与神往，郑孝胥和陈曾寿就是其中的代表人物。陈曾寿有诗《九日同龙山居士觚庵九兄四弟五弟七弟儿子邦荣邦直烟霞洞登高》其四：“诸天龙象表嶙峋，洞口苏龛寂寞身；绝代崎嵚郑重九，不应来作扫花人。”[12]

1916年钱香如在《烟霞洞联》中记云：“西湖烟霞洞之右，旧有财神石像一。前岁经郑孝胥先生等改铸苏长公像，颜其额曰苏龛。苏龛为孝胥之别字，妙语双关，命意殊巧。”[13]作于1919年的《武林名胜游览志（续）》一文提及“盖浙绅就财神石像而改为苏龛者也”[14]，1920年出版的《杭州市指南》一书也有“洞旁石龛旧凿财神像，清光绪间改凿东坡像，颜曰苏龛”的叙述[15]。1924年，郑景涛在其游记《西湖写生旅行纪游》里，还简要概述了这次改刻事件的经过，并指出这系杭城名士所为：“南行里许，即烟霞洞，曲折深邃，钟乳涔滴，洞口有石龛，题曰苏龛，中镌东坡像。杭人云：前系财神，为杭城名士所改凿，吁！普天下之事，无一不压于财神魔力之下，独见弃于名士，岂不快哉！”[16]发表于1931年的《杭州洞天福地（上）》一文之“烟霞洞”部分中也有记载：“洞

旁并镌有财神石像，清季改铸东坡像，颜曰苏龛，坡老取财神而代之，财神无灵，亦可为文人吐气。”蒋维乔[17]在出版于1934年的《因是子游记》中也提道：“洞口就石凿龛，供财神像，陈蓝洲明府，以其不伦，为之改凿东坡像，题其额曰：苏龛。”徐映璞[18]《杭州山水寺院名胜志》卷二亦载：“右侧旧镌财神像，光绪壬寅丁修甫辈改刻苏子瞻，谓之苏龛。”[19]同一时期的不少相关游记里，均有同样的表述[20]。这些文章，对龛内石刻像由财神改刻为苏东坡像的说法均高度相似，显示出时人对该事件的真实性并无太大的异议。[21]

图 2 1923 年胡适与曹诚英在烟霞洞合影[22]

1923年，胡适南下杭州，在烟霞洞养病，一住就是三个多月，他在日记中称之为“神仙生活”“一生中最快乐的日子”。当33岁的胡适再次来到西湖边时，已经名满全国，是知识界的大明星。当时，他身体不好，有肺病，北京的政治气候也很坏，各路军阀争权夺利，政局波诡云谲。该年春天，他终于下决心向北大请了一年病假，暂时告别讲台。他到杭州，一开始住在西湖边的新新旅馆，开窗就是西湖，很多朋友、在杭州读书的老乡纷纷赶来一起游玩。有两天，他的脚肿得很厉害，不能走路，没有气力去爬山，只好天天在小船上荡来荡去。等到脚好了，他和前辈北大校长蔡元培、商务印书馆元老高梦旦一起去游龙井、九溪，中途到烟霞洞吃午饭，管洞的居士金复三烧得一手好素菜，在西湖一带很有名。烟霞洞的素菜、风景都打动了他的心，他说自己喜欢这个地方，房屋又干净，于是有了久住之意。两位前辈也劝他在这里避暑，他就搬到烟霞洞来住。从6月9日上山，一直到山上的桂花开了，中秋过了，到10月4日他才下山，从夏天一直住到了秋天。胡适在山上的日子并不寂寞，他的身体不仅牵动着无数关心他的知识界、教育界、新闻界、出版界的朋友，也牵动着社会各界仰慕、尊敬他的人。他和山外的朋友不仅书信往来不绝，而且有不少朋友登山造访，慕名而来的访问者也是络绎不绝，他们中有军官，甚至有越南人。傅国涌文《西湖烟霞洞里藏着胡适什么秘密？》（《人物》杂志）载，瞿秋白从广州远道来看他，告诉他广东和他的老朋友陈独秀的近况。[23]当然，这段时间也是胡适先生一生中最“甜蜜”的时光，即与当时在杭城求学的曹诚英在西湖畔留下“烟霞”恋情。[24]

但有的故事就并非如此，尤其是在郑孝胥在伪满洲国任职后，人们对“苏龛”一名的态度也随之发生了逆转，由当初的饶有趣味，转向嘲讽与鄙视。

段锐《杭州烟霞洞洞口右侧龛造像的变迁及相关问题》一文引用1937年7月13日载《南报》第2版载漱红《烟霞洞内的怪石刻像》文中写到在烟霞洞之所见：“末后来到了岩石旁边，忽然看见一个石刻像，很诧异，你道这个石像，手中原是执着一卷书：当清季末叶，浙江有某文人者，很有些文名，人皆尊之为道学先生，及至晚年，犯着孔夫子的‘及其老也戒之在得’的圣训，十分贪黩好货，所以时人把这石刻像手中的书卷换了元宝，以为文人要钱的讽刺。”[25]文中所述“怪石刻像”今已不存，但这一则烟霞洞故事所表达的时人对于贪财文人的讽刺意味，是极为清晰的。如果说烟霞洞“怪石刻像”手中的“书卷”改刻为“元宝”，是一种针砭时弊的反讽，那么烟霞洞洞口的财神龛改刻为“苏龛”，则是一种针砭时弊的正面抗争，二者在价值取向上的寓意是完全一致的。[26]

还有如作于1936年7月24日抗战全面爆发前夕《新江苏报》第9版《记烟霞洞苏龛》一文，其中就有：“谓西湖烟霞洞之侧，旧有财神石像，郑于民国初年改财神像为苏东坡像，题其额曰‘苏龛’，孝胥字也。迨意在利用东坡为自己留名于后世耳，以东坡代财神，坡翁有知，必且大怒，苏像铸成后，仪征文人时蓬仙撰一联曰‘钱如真可通神，此座巍然，何不与烟霞终古；石也有时变像，长公仙矣，莫非是香火前缘’，设想遣词，均极佳妙也。郑孝胥于诗于书，均颇有造诣，彼因自比东坡，时人亦以是之，然今一仕伪国，人格破产，此‘苏龛’二字，长在烟霞洞畔，徒令人见而唾骂而已，求荣反辱，因得享高年而变学人为罪人，可知晚节不克保者，固不如早死远甚也。”[27]

五、苏东坡与烟霞三洞有缘

苏轼在石屋洞、烟霞洞、手指岩等曾留有刻石、石像等。《中国文物地图集——浙江分册（下）》记载：石屋洞造像（西湖街道南高峰石屋岭石屋洞内·五代吴越、北宋）石洞极高，状似屋，周壁原镌有五百罗汉及其他造像，并有五代后晋开运二年（945年）、后汉乾祐元年（948年）、后周显德三年（956年）、北宋乾德三年（965年）等造像题记，20世纪60年代造像被毁。尚存有北宋熙宁癸丑年（1073年）、熙宁八年（1075年）的摩崖题记六方，多数已漫漶。[28]

北宋宋神宗熙宁六年（1073），苏东坡在杭州任通判时，与友人同游石屋洞，并在石壁上留下的题刻：“陈襄、苏颂、孙奕、黄颢、曾孝章、苏轼同游。熙宁

图3 连晓鸣摄于石屋洞（2022年4月）

图4 烟霞洞口相关之记载与图像

六年二月二十一日。”这是目前为止发现的苏东坡在杭州留下的最早的摩崖题刻。

《中国文物地图集——浙江分册（下）》载：陈襄、苏轼等摩崖石刻（石屋洞内正面崖壁上・北宋）题刻高0.74米，宽0.62米。楷书直刻四行，每行6至7字，“陈襄、苏颂、孙奕、黄颢、曾孝章、苏轼同游熙宁六年二月二十一日。”共25字。惜经重摹涂红。[29]

苏东坡在游览烟霞洞时，也留下了类似的题刻。明人田汝成所撰《西湖游览志》有：“（烟霞）洞后宋有清修寺，今废，惟象鼻石、佛手岩、石罗汉、东坡留题尚存。”[30]

出版于清末的《图画日报》曾载《大陆之景物：杭州烟霞洞》一文（见图4），其中有：“洞之上为佛手岩，奇石玲珑，势若倒垂，有石笋五枝若指，壁上有宋苏东坡题刻。”[31] 近人编撰的《西湖游览指南》亦有记载：“佛手岩：在烟霞洞上，岩石秀丽，势若倒垂，石笋五枝若指之列，壁上有苏眉公题刻。”[32] 可见苏东坡在烟霞洞确曾留有题记，且原刻于佛手岩处，可惜该题刻现已不存。[33]

烟霞三洞之一水乐洞附近有疑似明代佛教财神三雕像。《中国文物地图集——浙江分册（下）》载：满觉陇造像（西湖街道满觉陇村・明代）龛高1.7米，宽1.8米，分上下两层，上层高0.9米，圆雕三世佛一铺，中佛结跏趺坐，施禅定印高0.6米，左佛和右佛分别高0.4米、0.42米，双手合十立于两侧。下层高0.8米，有造像六尊，正中是一尊施降魔印的坐佛，结跏趺坐于莲花须弥座上，高0.5米，左右是二尊菩萨立像，帛带环绕，各高0.25米，其右侧是一尊肩挑担子的供养人立像，高0.58米，左右两端是两尊双手合十的立佛，各高0.38米。[34]

常青、潘高升《杭州西湖满觉陇佛教造像调查》[35] 一文：杭州满觉陇造像为一所摩崖造像龛，位于其所依岩体的一块突出部分，裸露于所在地表。其位于西湖景区水乐洞附近，面向西南。此龛像在杭州地方文献中没有明确记载。2019年6月15日，笔者与中国计量大学副教授肖丹等人调查了这龛造像。该龛内部分为上、下两部分，其中上半部雕有坐佛及二弟子像，下半部雕有观音、善财童子、龙女、鹦鹉、挑担僧人、二弟子像。满觉陇造像龛的雕造时代大致可定在明代，或可具体到明代中晚期，即与理公塔造像的雕刻时代相近。

满觉陇造像为一不规则的圆拱形龛，总高140厘米，总宽184厘米（图5）。与本文有关联的主要是下半部雕的观音、善财童子、挑担僧人像。观音左侧为善财童子，高25厘米，身体略微扭向观音（图6）。善财童子像面部已残，头顶仍可见圆形发髻，上身着窄袖短衣，下身穿裤，衣纹稀少，双手于胸前合十。其身上饰有长帔帛，在头后绕一大圆环，帔帛下端飘向其身体的左侧。在其帔帛尾端的上方刻有数朵云，云朵上站一鹦鹉，头向着观音。其中的挑担僧人，恰如本文“佛教第一财神弥勒佛”中的“布袋和尚”——契此，又号长汀子，五代时后梁禅师，明州（浙江奉化）人。[36]

明清是中国财神信仰习俗发展完善期，满觉陇水乐洞附近的“观音”“善财童子”“挑担僧人”佛教造像，应该是南宋以降从佛教造像向佛教财神造像

图5 杭州满觉陇造像（潘高升摄）

图6 满觉陇造像龛下部善财童子和鹦鹉（常青摄）

图7 满觉陇造像龛下部挑担僧人（孙敏华摄）

演变的一个历史记录，与今天当地老百姓供奉在“苏龛”的三大佛教财神像，居然可以如此缝合！（图 6、图 7）

六、苏东坡在杭州有德于民，家有画像，伽蓝“护法”，为演变财神奠定基础

苏东坡两度在杭州任地方官，在任期间主持浚治西湖，将湖泥葑草堆成长堤，夹植花柳，又筑六桥，后人称该水利工程为“苏堤”；还兴利除弊，疏浚六井与运河等；主张轻徭薄赋，平抑粮价，赈灾济困，创立中国第一所公立医院——安乐坊。他在杭州期间，为老百姓做了不少好事，在民间一直流传至今的“苏东坡传说”已被列为国家级非物质文化遗产项目。这些传说和民间故事，在宋元时便已被记入典籍，明清时生发敷演得更多，至今仍在人们口耳间广为传播。宋元间典籍所载的苏东坡传说中的主要一类是说他爱护百姓，凡事能设身处地为别人着想，帮助别人排忧解难。元代陶宗仪《说郛》转引《桃源手听》，记“东坡书扇”一则，文云：东坡为钱塘守时，民有诉扇肆负债二万者，逮至则曰：“天久雨且寒，有扇莫售，非不肯偿也。”公令以扇二十来，就判字笔随意作行、草及枯木、竹石以付之。才出门，人竟以千钱取一扇，所持立尽。遂悉偿所负。[37]

北宋以来，为了纪念苏轼，杭州城不仅作东坡画像，传颂功绩，建东坡祠，名苏公堤，甚至在慧因寺伽蓝堂设东坡护法像：“文忠矢于佛前，愿为伽蓝神以护之，命增己像于华光之右。”[38] 为演变财神奠定基础，就如天台宗智者大师将关公奉为佛教天台宗之“伽蓝”，关公后来被敬为财神[39]。清末民初，在当时浓厚的苏轼意象下，以浙绅为主体的文人士绅在“东坡尝游处”的杭州西湖烟霞洞开凿苏龛或许就是意料之中的事了。[40]

关于苏东坡为高丽寺塑“伽蓝”一事，鲍志成著的《高丽寺与高丽王子》一书中有非常详细的考证。这里摘录一段：元祐五年四月，苏东坡开始浚治西湖，挖掘葑泥筑湖堤以通北。据明万历年间高丽寺僧说，苏东坡当年还把高丽寺左侧的赤山搬运一空，筑了湖堤。当时寺僧曾与之力争，称赤山乃寺前“护龙沙”，搬走后破坏了寺的风水，“谏言不可”。苏东坡遂誓于佛前愿在工竣之日（一说死后）以身作伽蓝神，“命增己像于华光之右”。但苏东坡是否真有此誓，其护法像是否在北宋时就塑立于高丽寺伽蓝殿内，没有史料证据，而明万历三十七年（1609 年）所修《钱塘县志・纪制・寺观・惠因寺》中则有“苏轼护法像俱存”的记载。这是寺中有苏东坡像的最早正式记载。万历四十三年（1615 年）夏，江苏吴江人吕纯如（字益轩）自福建“解官归舟”到杭途中，得梦有“一伟丈夫”在江头作揖，请他修葺“湖干废寺”。次日他路过寺门，入内游览，听了寺僧有关苏东坡取土赤山，许以身护法的故事后去伽蓝殿一看，果然有像供奉，和梦中所见“伟丈夫”相同，“巾袍端丽”“眉宇轩昂”，遂发愿协同寺僧宗相等再次修缮寺宇。他认为苏东坡像“与华光联座，殊觉不伦”，

拟在堂右空地设专祠以祀，惜寺僧中无能胜此大任者。其后，清康熙《杭州府志》卷35《寺观·惠因讲寺》载“伽蓝殿敲苏文忠像”。近人钟毓龙在所著《说

图8 图片摘自鲍志成《高丽寺与高丽王子》

杭州》中，对苏东坡“取土赤山”“以身护法”的故事也有记载，并说寺之伽蓝神，“佥以为即轼也”。从上述文献记载来看，高丽寺至迟在明万历后到清康熙时，确实有苏东坡护法像设置在伽蓝殿内。[41]

苏东坡的像祠流布相当广，尤其是从杭州苏东坡祠的沿革来看，至少有如下几点是值得注意的：一、杭州是在苏东坡在世时就立生祠，且其后历代至今设祠祀奉最多、时间最长的地方；二、历史上这些祠内所奉的大多是苏东坡的画像，也有做碑像的，这就排除了出土石像是从相关祠馆内搬移来的可能；三、杭州在宋元明时，不止一处佛教寺院内祀奉苏东坡，有的因苏东坡当年游访过而以苏东坡为伽蓝神。也就是说，高丽寺以苏东坡为护法神这一历史现象，与苏东坡像祠在杭州的流布沿革特征是一致的。[42]

略考一下“宋代生祠”。历史上民众建立生祠归根结底还是一种报恩活动，让祠主享受香火供奉以积福报……建立生祠就是当时民间能够做到的官员和民众互动、树立典型宣传的最高程度，更甚者，称之为造神运动。苏轼生祠领衔名士祠，正因为苏祠集合了宋代生祠的一切特质，苏轼对于杭州一地来说，是通过生祠被造就的一位特殊的地方神灵。[43]

至今杭州还有苏东坡的祠、堂等，一是西湖孤山东南麓的白苏二公祠；二是杭州市政府在吴山东南麓改建的先贤堂，祀苏东坡等28位乡邦先贤，内有苏东坡彩塑像；三是1989年7月，又在苏堤南端建成的苏东坡纪念馆，内有陈列的介绍苏东坡生平事迹、在杭政绩及文学艺术成就的图文，庭园内有由3米高的花岗岩石刻成的苏东坡全身立像。

图 9 连晓鸣 2024 年 4 月摄于孤山东南麓

苏东坡“爱民”“亲民”“富民”等形象，一直在杭州民间传颂。清末钱塘士绅改原烟霞洞口“财神像”为“苏东坡像”的一次从“俗文化”到“雅文化”之变，“误打误撞”成就了杭州“苏东坡财神”信俗文化的形成。

七、一百二十多年后，“苏龛”——“财神”

昔日苏龛已无苏，今日财神满苏龛。杭州这里有常见的中国文财神、武财神等，还有佛教财神，如观音、弥勒、善财童子等。

观世音菩萨，又称观音，被认为具有十种自在：寿自在、心自在、财自在、业自在、生自在、胜解自在、愿自在、神力自在、智自在、法自在。其中的“财自在”，即表明了观音菩萨的财神身份[44]。

佛教第一财神是弥勒佛。弥勒，意译为“慈氏”，即慈悲为怀的意思。弥勒出生于婆罗门家庭，后成为佛陀的弟子。自宋代以后，我国各地特别是江南寺院的弥勒佛像大多是喜气洋洋、笑口常开、肥头大耳、袒胸露腹、手捏串珠、箕踞而坐、大肚滚圆的形象。这个形象并非佛教三世佛中的未来佛弥勒，而是布袋和尚——契此，契此又号长汀子，五代梁时禅师，明州（浙江奉化）人。他平时常用竹杖挑着大布袋在街上化缘，凡所需的用品都装于布袋

图 10 2022 年 4 月连晓鸣拍摄于烟霞洞口苏龛

图11 今日“苏龛”造像残存痕迹（潘高升摄）左下角（前）善财童子（连晓鸣注）

内，因为出门经常布袋不离身，所以人称“布袋和尚”。据民间传说，当初，在佛教寺院前，佛祖让韦陀在山门迎香客，因韦陀将军尊容过于严肃，吓坏了不少香客。后来佛祖就派大肚弥勒在前面笑脸迎客，果然寺院香火鼎盛。当今社会讲微笑服务，经商更是如此，弥勒堪称楷模[45]。

善财童子，是《华严经》“入法界品”里的主要人物，也是以“五十三参”事迹广为世人所知的佛教青年（见图10）。善财童子原为印度觉城（又作福城）长者之子，由于前生善因缘的果报，当他初住母胎之时，他家里就自然而然出现七大宝藏；出生之时，又有五百宝器出现，因此他父母替他取名为“善财”。善财童子之所以被称为佛教财神，主要在于“善财”之名以及他参访的对象——“善知识”。在《华严经探玄记》卷十八曾这样说：“由此福报财宝相起立善财名。即善为因，财为果。又得此顺道之财故曰善财。又生时宝现为财，后叹其行德为善。如善现空生等。”[46]这里所说善财有三层意思，第一，善道是获得财宝的原因，财宝是善道的结果；第二，循善道而行所得之财叫做善财；第三，虽然福报之产生表现为财富，人们赞叹的却是其善德[47]。

烟霞洞石刻以佛教为主题，这里现在供奉的观音、弥勒、善财童子，作为佛教财神与传统的文武财神等共处“苏龛”再看水乐洞附近观音、善财童子和布袋和尚的明代佛龛雕刻，其确合乎法理，更许是一种历史的渊源——至少为今天尚未查到的烟霞洞口被改刻苏龛前的财神造像，提供了一个明代中期的参照依据。

八、思考及建议

在建设中国特色社会主义现代化强国，走共同富裕道路时，如何正确认识、对待中国传统“财神信仰习俗”，是中华民族现代文明建设中一个至关重要的大问题。“钱财”“财富”“财神”，历来是中国人既爱又恨，又无奈的话题；计划经济可以取消、贫穷年代可以过去，但历经改革开放40多年的今天，我们的目标“中国特色社会主义现代化强国”“共同富裕”视野下的“钱财”“财富”“财神”应该是什么？从烟霞洞口“财神像—苏龛—财神·苏东坡”120多年的历史变革来看，起始在清末1901年杭州烟霞洞口“先为财神，今改琢之”现象，将财神像改为苏东坡像的这次“雅文化”与“俗文化”之变，多少还是有点“居高临下”的感觉。这也是西方民俗学在发展过程中，尤其是民族国家兴起时一般知识精英容易出现的一种现象。但当地老百姓照旧将苏东坡当作财神祭拜。该“俗雅之变”，最晚在20世纪60年代的“文化大革命”“破四旧”中被破坏，只剩下“苏龛”。值得庆幸的是，当地老百姓却一直保留下对“财神”的信仰！无论是原来的财神像，后来的苏东坡像，还是今天剩下的空空如也的“苏龛”，都是“财神”佛龛。这恰恰是体现出在倡导保护、传承、弘扬优秀中国传统文化的今天，尤其是在“非物质文化遗产保护传承”的语境下，应该特别重视对“民俗·信俗”类项目这一活态文化的保护和传承。

一个建议：期待灵顺寺财神信俗文化研究院在做好北高峰“财神信俗”非遗项目的同时，兼顾南高峰及烟霞三洞，做好对浙江的财神信俗文化的进一步挖掘研究、保护传承与发展创新。

浙江的非遗保护，一直领先全国。但浙江省级非物质文化遗产的民俗类名录中，至今没有“财神信俗”。杭州北高峰、温州金乡等地的“财神信俗”，都是市级项目；省级非遗项目温州鹿城区“拦街福”已淡化了财神信俗的核心；诸暨的范蠡财神，还附属在“西施传说”之中……看起来，烟霞洞口清末民初这一次“财神—苏龛—财神·苏东坡”之变，还确确实实反映了在中国传统文化中“财神”信仰的复杂性。今天浙江还是需要为“财神”正正名。苏轼是“诗书才艺伟丈夫”“执政为民好太守”“勤政富民‘真财神’”！这是杭州老百姓的愿望，也是清末民初钱塘士绅的理想化代表。雅俗双方在这次有意无意的碰撞中，把历史上的苏东坡——一位实实在在的历史人物，送上了烟霞洞口的“财神·苏东坡”的位置，使苏东坡终于成了杭州西湖一位“真财神”。建议立足在“满陇桂雨”杭州市级非遗项目基础上，进一步挖掘研究、保护传承与发展创新“造福富民‘真财神’苏东坡”信仰习俗，其提升对今天加快实现“共同富裕”有着实实在在的现实意义。

注释：

1. 施奠东主编，西湖志 [M]，上海：上海古籍出版社，1995。
2. 郑孝胥（1860—1938），近代政治人物、书法家。福建省闽侯人。1882年清光绪八年举人，曾历任广西边防大臣、安徽广东按察使、湖南布政使等，辛亥革命后以遗老自居。1932年任伪满洲国总理大臣兼文教总长，3年后辞隐。其善楷书，取径欧阳询及苏轼，得力于北魏碑，所作书法苍劲朴茂。他为诗坛“同光体”倡导者之一。
3. 杭州南高峰烟霞洞，东坡尝游处也，寺僧刻岩石为财神，汤蛰仙斥之，易刻坡像，杭人遂题之曰苏龛。蛰仙以书报余，且属作诗。原文、翻译及赏析摘自古诗文网郑孝胥古诗词 https://m.shiwens.com/detail_338725.html。
4. 丁贤勇编，浙江辛亥革命史料研究集萃（全二册）[M]。杭州：浙江古籍出版社，2011。
5. 国家文物局主编，中国文物地图集——浙江分册（下）[M]。北京：文物出版社，2009.12。
6. 该老照片的具体年代不详，但很可能是目前唯一一张从正面可以看清苏东坡像的旧影，十分难得。从这幅老照片上苏东坡像的形象看，前述常青对苏东坡像的描述大体是准确的。但造像头身比例属恰当，也没有史岩所称的“形象恶俗，手法拙劣”那般不堪，否则《西湖游览新导》的作者断不会对其赞赏有加：“洞口有苏东坡像，宽袍博带，奕奕如生。”同时，在这张老照片中，苏龛龛檐的正上方门楣处似有两字。

7. 丁立诚（1850—1912），字修甫，号慕倩，晚号辛老、革老，浙江钱塘（今杭州）人。清末藏书家、目录学家。清光绪乙亥（1875）举人，官内阁中书。以藏书闻海内，所收西泠八家刻印尤富，著有《小槐簃文存》《小槐簃吟稿》《永嘉金石百咏》等。

8. 陈豪（1839—1910），浙江仁和（今杭州）人，字蓝洲，号迈庵、墨翁、止庵、怡园居士，同治九年 (1870) 优贡生，官湖北汉阳知县。光绪三年 (1877) 知房县。叔通父。其工诗及书法，学苏轼；画山水，用墨干湿并举，意境超逸，神似戴熙；又能画花卉，有更深工力，设色运笔，能得罗南河的神韵，不仅貌似。人们以为浙江画家，自奚冈、黄易之后，当以豪为第一。

9. 杨文莹（1838—1908），字粹伯，号雪渔，浙江钱塘（今杭州）人。光绪三年（1877 年）进士，官编修、记名御史、贵州学政。他工书法，书宗宋四家，笔力瘦劲，有铁画银钩之势；亦工诗，著有《草亭诗集》，卒年七十一。

10. 浙江飞来峰佛教艺术研究中心编，2024 年首届浙江佛教石窟国际学术研讨会论文集（下）[M]。

11. 潘高升，杭州西湖烟霞洞苏龛造像考述——基于遗存、文献和历史图像的研究 [J]。石窟寺研究，2023. 01。

12. 陈曾寿（1878—1949），书学苏东坡，画学宋元人。其诗工写景，能自造境界，是近代宋派诗的后起名家。

13. 钱香如，《香如丛刊》，游戏书社，1916 年，第 72 页。

14. 隐涯，《武林名胜游览志（续）》，《大公报（天津版）》1919 年 8 月 2 日，第 11 版。

15. 徐珂，杭州市指南 [M]，上海：商务印书馆，1920。

16. 郑景涛，西湖写生旅行纪游 [N]，《民国日报（上海版）》1924 年 6 月 23 日，第 22 版。

17. 蒋维乔，《因是子游记》，上海：商务印书馆，1935 年，第 173 页。

18. 迪民，杭州洞天福地（上）[N]，《大公报（天津版）》，1931 年 8 月 3 日，第 5 版。

19. 徐映璞，《杭州山水寺院名胜志》卷二，《杭州史地丛书》第二辑，杭州图书馆，1985 年，第 20 页。

20. 如《大同报》1934 年 11 月 23 日第 8 版的《话杭州》一文，也记载了该龛的变迁，说法相同。

21. 浙江飞来峰佛教艺术研究中心编：《2024 年首届浙江佛教石窟国际学术研讨会论文集（下）》。

22. 该图片下载于潘高升《杭州西湖烟霞洞苏龛造像考述——基于遗存、文献和历史图像的研究》《石窟寺研究》2023 年 01 期：胡适与曹诚英在烟霞洞的合照，由杭州西湖英华照相馆所制，背面有胡适亲题时间、地点，“烟霞洞。十二、九、廿七”。可知此照片摄于 1923 年 9 月 27 日。

23. 傅国涌：《西湖烟霞洞里藏着胡适什么秘密？》，来源：《人物》杂志 https://news.sohu.com/20081218/n261295320.shtml。

24. 李伶伶等，一介书生家国梦——胡适人生地图 [M]，北京：中国青年出版社，2016。

25. 湫红，烟霞洞内的怪石刻像 [N]，南报，1937. 7. 13（2）。

26. 段锐，《杭州烟霞洞洞口右侧龛造像的变迁及相关问题》，浙江飞来峰佛教艺术研究中心编，

《首届浙江佛教石窟国际学术研讨会论文集（下）》，第 674 页。
27. 记烟霞洞苏龛 [N]，新江苏报，1936. 7. 24（9）。
28. 国家文物局主编，中国文物地图集——浙江分册（下）[M]，北京：文物出版社，2009。
29. 国家文物局主编，中国文物地图集——浙江分册（下）[M]. 北京：文物出版社，2009。
30. 田汝成：《西湖游览志》卷三，明万历十二年重刻本。
31. 大陆之景物：杭州烟霞洞 [N]，图画日报，1909。
32. 徐珂，《西湖游览指南》、（民国二十二年增订），上海：商务印书馆，1934 年，第 51 页。
30–33 及图 4，均引自段锐：《杭州烟霞洞洞口右侧龛造像的变迁及相关问题》，浙江飞来峰佛教艺术研究中心编，《2024 首届浙江佛教石窟国际学术研讨会论文集（下）》，第 674 页。
34. 国家文物局主编，中国文物地图集——浙江分册（下）[M]，北京：文物出版社，2009。
35. 常青、潘高升，杭州西湖满觉陇佛教造像调查 [J]，东方博物 2020，（3）：6–73。
36. 佛教第一财神弥勒佛“布袋和尚”——契此，又号长汀子，五代梁时禅师，明州（浙江奉化）人。他平时常用竹杖挑着大布袋在街上化缘，凡所需的用品都装于布袋内，因为出门经常布袋不离身，所以人称“布袋和尚”。
37. 顾希佳，浙江省民间故事史 [M]，杭州：杭州出版社，2008。
38. 李翥，《慧因寺志》，《杭州佛教文献丛刊》，杭州：杭州出版社，2007 年，第 22 页。
39. 据《佛祖统记 · 智者传》，关羽皈依佛法是在隋文帝开皇十二年 (592)，这一年天台山僧人智顗赴当阳县，夜见一长髯神人，自称是汉将关羽，为当阳山主，愿作佛门弟子，供护佛法。智顗言于晋王杨广，遂封关羽为伽蓝（护法神）。据民间传说，关公成为财神约在清乾隆年间。
40. 潘高升，杭州西湖烟霞洞苏龛造像考述—基于遗存、文献和历史图像的研究 [J]，石窟寺研究，2023（01）。
41. 鲍志成，高丽寺与高丽王子 [M]，杭州：杭州大学出版社，1998。
42. 同 41。
43. 张诗瑞：《宋代生祠研究》，硕士论文，武汉大学，2018 年，第 28 页。
44. 释印旭、张家成，中国财神文化 [M]，北京：宗教文化出版社，2022。
45. 释印旭、张家成，中国财神文化 [M]，北京：宗教文化出版社， 2022。
46.（唐）法藏，华严经探玄记 [M]，北京：联合读创出版社， 2024. 05。
47. 释印旭、张家成，中国财神文化 [M]，北京：宗教文化出版社，2022。

论佛教的财神文化及其财富伦理

陈永革

南京大学哲学博士
浙江省社会科学院哲学研究所所长，二级研究员
浙江省宗教研究中心主任

摘要：当代佛教寺院的财神文化，已然构成一种许多寺院的“特色文化”。这涉及传统佛教的财富观思想（“净财”与“善财”）、“惜福”财富伦理与佛教慈善、佛教财富观与佛教中国化、人间佛教的财富哲学、中国佛教的财富形象、寺院经济的传统与现状等议题，至于更为具体的中国佛教寺院的财神造像、财神文化与佛教中国化、佛教财神与民间财神习俗、历代高僧的佛教财富观及佛教财富观与当代社会的“向善”精神等，所有这些与佛教财富观相关的议题，无不值得细致探讨。该研究专就佛教的财神文化及其相关的财富对话伦理做一初步讨论。

关键词：财神文化；财富；功德

一、作为人性与财富关系议题的财神文化

中国传统庞大的神明系统中，财神具有重要的地位。财神文化的历史演进，有着众所周知的变动性。这种变动性，往往体现为地域性。即在不同的地域，财神文化有着不同的呈现方式。但若从文化构成来看，中国传统的财神文化则有着诸多类型。

首先，从财神文化的总体表现形态来看，其有着四个共同结构（特性）。

其一，财神文化的起源，体现出由人而神的“构造性”。以构成中国财神文化主体的“五路财神”来说，东路财神比干、南路财神柴王爷、西路财神关公、北路财神赵公明、中路财神王亥，都由历史人物或历史文学人物演进而成。此五路财神是我国民间主要供奉的五大财神，所以被称为“大五路财神”。

其二，财神文化体现出顺应人间的“生活性”。这符合中国传统宗教具有生活性格的文化结构。这一特性，一方面导致财神信仰（文化）极难被归类于某种宗教（如道教或民间宗教），使其先天地欠缺宗教教义的充分解释；另一方面则促使财神容易与民俗文化相结合，成为一种容纳度高、民众喜闻乐见的民俗活动。

其三，财神起源的“构造性”与财神文化的“生活性”，尽管根植于世间财富的纷繁形态，但归根结底地说，不外乎克服财富的风险形态财富的稳定，由此体现财富的“非风险性”（“稳定性”）。

其四，财神文化延续至今，显然体现了其具备与世俱新的“开放性”。如果更进一步地讨论，财神文化的背后涉及诸多值得思考的人性与财富的关系议题。

二、大乘佛教的财富观

从语源学上来看，现代人习焉不察的“财富”一词，可说是较晚出现的用语。早期的《辞源》与《辞海》都未收“财富”一词，足以表明这一点。“财富”究竟是什么？从现象描述的意义上说，财富是由物与用所构成的统一体。从哲学的意义上说，财富包括物质性（即财物）和人的意向性（人对财物的所有、利用与支配，即财用）两大要素。由于财富与人的主体意向性相关，因此还具有创造与消耗的对立互动。但综合而论，财富的此世性，是财富的根本特性。

出世佛法如何观照属世的“财富”？换言之，“财富”在佛法系统中居于何种地位？这是佛法的财富观必须回答的重要问题。

依大乘佛法的解释，人生在世的正报是有情身命，既是正当享受生命苦乐的载体，也是生命尊严与价值的根本体现；而人生在世所继承或创造的一切资生产业，则属身命的依报，同样是生存价值中的不可剥夺的依持部分。资业（财富）作为身命依报的构成部分，在三世因果体系中，至少具有承载的正当性。因此，保全身命与资业，作为人生在世的愿望，在佛法中具有肯定的合理地位。

然而，资业财富在佛法系统中，虽具有作为身命依报的正当合理性，却不具有终极而无限的价值。这是由佛法的出世性格决定的。因此，资业财富必须

被安置于佛教修行解脱的宗教理想中，才能得到明确的定位。

大乘佛法系统的修行解脱，始于以“六度”“四摄”为本位的菩萨行，终于转烦恼而证菩提、成正觉。佛教明确主张，菩萨行圆修“六度”（布施、持戒、忍辱、精进、禅定、般若），广行“四摄”（布施、爱语、利行、同事）。布施居“六度”“四摄”首位，可见其重要性。而在行布施度（财施、法施、无畏施）中，财施又最为基础而直接。进一步考察，财施的付诸实现，已经蕴涵着对财物的所有权与支配权的承认。唯有如此，才能实现“布己所有，施与众生”。若无所有，何施可行？由此可见，大乘菩萨行的落实，同样承认对财富的所有与支配，但具有明确的、出世性的财用指向。

所有权与支配权，本是属世财富衍生而成的二大属性，但大乘佛法的布施度生的菩萨行，却力所能及地将财富的所有权与支配权转让给他人。大乘佛法财富观中的超脱性，是佛教修行中对财富的本质立场，其目的在于对治世人财富所有权与支配权“异化”。就财富的本性而言，财富原本是人类生产的创造物和生活的消耗品，然而，当财富“异化”为阶级、地位、身份等人为属性时，往往导致财富所有者成为财富的奴隶，受财富所奴役。佛教的布施度，正是对治、破除众生之于财富的“异化”状态，复归财富的本然之用。就佛教的宗教性格而论，佛教徒的出家修行、托钵乞讨、远离村舍、避世修行，明确指向对财富的不占有状态，保持与财富的严格距离。佛教戒律中规定，出家修行者不蓄金银财宝，甚至手不捉作为等价交换物的钱币，等等，在持作律行上有着严格而具体的行为规范。如果说布施度表明了佛教对财用的出世取向，那么佛教戒律则更为严格地规定了对财富所有权与支配权的舍弃态度。

上已表明，佛法修行者对财富的超脱态度，是由复归于财富的本然之用而祛除世人对财富的“妄执”心态，以及佛教出世解脱的宗教品格决定的。这其实已经表明了大乘佛法圆融而超脱的“财富观”。但在佛教传入中国的历史演进中，佛教弘化融汇了传统儒家基于义利之辨的财富伦理，更为强调属世财富与出世修行之间的对立性，加之佛法注重对欲念的超越与克服，富有被理解为贪欲成性的象征，故往往使人产生财富与佛法对立的观念。财富的所有权成为佛教修行、往生净土的宿障，似乎只有贫穷者才能更有资格往生成佛。这其实是对佛法财富观的极大曲解。

不可否认，追求财富是人类欲望的突出表征。确切地说，追求财富与人的贪吝欲念相关。问题的关键是，在追求财富的过程中，应该分辨其行为本身的属世正当性与合道德性。应该指出，中国佛教徒并非绝对地拒绝财富，而是鄙夷对财富的贪吝之欲。如著名的《龙舒净土文》劝诫世间贪吝之徒说：“得人三千，而不以为多者，贪也；自费两千而遂以为多者，吝也。贪吝之失，众人所同，而不自觉。若能去此，方为贤者。如是则善业无不可为，恶业无不可戒。何则？不吝财以为善、不贪财以为恶，故也。若如是以修净土，必不在下品生矣。又能转以化人，使更相劝化。人则以己无贪吝之心，必加尊敬而乐从其化。

所化必广，上品往生，复何疑哉！”可见，中国佛教徒的典型心态，并不是针对财富本身，而是针对财富所有者的伦理评判，及对与之相关的业感果报的价值性评判，由此达到劝善教化的社会效应。

佛法承认财富的现世正当性，并进一步提出世间或人间福报的解释。这是从果报论原理上，对财富来源正当性的一种重要说明。但佛法同样并不否认创造财富的正当性，这是作为对财富的现世来源的正当性的严格补充，如五戒中的“不偷盗戒”，“八正道”中的“正命”“正业”等，都强调了财富来源的现世正当性。如此看来，佛法的财富观，不仅较为圆满地解释了财富来源的现世合理性，而且还论证了人类创造财富的正当性或合道德性。

佛法的出世性及其财富观的超脱性，还必须解答一个不能回避的问题，这就是佛教僧徒的财富创造论问题。这是古往今来一切辟佛论者一以贯之的传统成见。特别是在20世纪初，中国社会排拒佛教的一大现实理由，就是指责佛教徒是社会财富的“分利者”，而不是社会财富的“创造者”。但现代社会从来未曾反思：社会本身为佛教徒提供了何种创造财富的途径和方法？太虚大师“契理契机”思想所倡导的“人生佛教”，从社会经济结构转型的意义上说，正是出于对财富成为佛教弘化的支持性资源的考量，并为佛教变革适应社会变革中的财富观，提供了新的诠释视野。

中国现代社会变革的显著特征，在于从传统小农社会到现代工商社会的变革。这一转型，使世人对财富的追求，与民族、国家兴盛息息相关。“国富民强”，正是这一财富主导下的世俗观念的明确表达。佛教弘化如何契应于现实时代的“财富”追求，就成为必须回答的一个主要问题。另一方面，现代社会文明的相互包容性，也使许多互有歧异的“财富”行为进入佛教弘化视野。佛教弘化理应阐明对“财富”的佛法立场。这种立场的阐明，不能是平面式的视界融合，而是立交式的视界融合。恪守与小农社会经济结构相顺应的“一日不作，则一日不食”的丛林清规，显然不能完全适应工商经济条件下的佛教弘化，更不能回应当今世界全球化经济时代下的财富观念变迁。太虚大师倡导的“人生佛教”理念，不仅涉及诚实节俭、自食其力的个人工作伦理，而且更加重视“财富”对于佛教弘化的支持性作用。这就是说，“财富”应该成为现代佛教弘化的支持性或工具性资源，但绝不是支配性或目的性的资源。只有真正有效而合理地运用作为支持性的社会财富，才能体现佛教弘化的“人间性”；相反，如果佛教丛林视社会财富为支配性的资源，必将与大乘佛法慈悲度世的普世悲愿背道而驰，成为佛教修证成佛、弘法教化的真正宿障。

总之，大乘佛教圆融而超脱的财富观，应该使财富定位为支持性或工具性的资源，而绝不是支配性或目的性的资源；应使属世的社会财富复归于其本然之用，作为佛教慈悲度世的方便支持，而绝不能授人以“分利”的口实，妨碍佛教弘化的普世事业的展开。唯有如此，佛法圆融而超脱的财富观，才真正具有普世教化的人间意义，才能创造性地参与时代的财富对话。

三、佛教财富的对话伦理

佛法圆融而超脱的财富观，参与时代的财富对话，具体表现为主动参与重建当今社会的财富伦理建设。传统佛教僧人一直视资业财富为修行出世佛道的资缘，以资缘而隆出世正业，而人们在佛寺中常见的“广种福田”，则是佛教财富伦理的通俗表达。但在其背后，蕴涵着个体行为在给予（播种）与回报（收获）之间的直线对应性。其实，本源佛法中的福报观有着更为严格而普遍的蕴意，是一系列互为相关且具有普世性的回报行为，同样表明了财富只能成为支持性而不能作为支配性的资源。佛教出世解脱有二大资粮，即福德资粮和智德资粮（或道种资粮）。与财富相关的福德资粮，只是出世解脱的必要条件，决不是充分条件；只能具有支持性的效用，而不能成为终极的支配性的满足。如果将必要条件视为充分条件，视财富为支配性满足，这就本末倒置了。佛法系统中完整的福田观，应该由恭敬福田（敬田）、报恩福田（恩田）和悲悯福田（悲田）三部分构成，完整表达了对佛法僧三宝的恭敬之心、对父母师长的感恩之意，以及对贫弱群体的悲悯之念。中国佛教弘化向来注重福德以悲敬为始，近代佛教弘化则更加凸显了佛法报恩观念中的社会性内容。如太虚大师曾明确主张佛教僧人应回报“社会恩”，这也是“人生佛教”的主要指标之一。佛教的财富观，应具体落实于对社会的回报，这是佛教财富伦理建设中的主导意义。

应该指出的是，佛教财富伦理中回向社会的报恩观念，与现代社会中普遍流行的以“利益交换关系”为准则的财富经营行为，有着显而易见的迥异之处。利益交换绝不能成为佛教回报社会的计量尺度。在早期佛教僧团中，小乘圣果“阿罗汉”，意为“应受供养”，这其实是对修行佛法圣证者宗教性社会地位的一种认可，而决不是“交换”的前提。但在佛教圣证者普遍匮乏的弘法情境下，特别是在市场经济主导下，如果视佛法为某种可用于“交换”的精神性“物品”，那么，这将成为对现代佛教弘化最为致命的歪曲。它实实在在地提醒市场经济利益交换原则对佛教弘化的侵害，佛教寺院必须规范财富运用的正当性，并使其成为全体出家僧人的应有自觉。

因此，佛教圆融而超脱的财富观，应该正视市场经济环境下对人际关系的复杂改变，这必须成为佛教弘化具有先导性的时代意识。这种与时俱进的弘法意识，要兼顾现代人们在经济生活与文化生活之间的密切关联。在市场经济驱动下的社会——文化变迁中，任何有限责任的个人都或多或少地扮演着经纪人、市场人的角色，即使佛教徒亦不例外。在市场经济条件下，做一个佛教徒，不仅意味着对弘扬正法的信仰担当，同时亦意味着个人对社会责任的现实担当。这是市场经济组织生活对现代佛教徒的生活方式无所不在的深刻影响。它必将改造佛教徒的社会化生活。就此而论，佛教弘化范式的调整，乃是题中应有之义，而佛教圆融而超脱的财富观，正是对这种弘法范式的调整，也是适应社会的一个重要内容。

当今社会生活方式和财富观念的巨大变迁，使中国佛教徒前所未有地真切感受到佛法弘化中的现实挑战，更要求佛教徒们应该具备圆融而超脱的财富观，不仅要以本源佛法观照现世财富的正当性与合理性，复归于财富本然之用，以佛教出世的意向性立场持守对财富的超脱态度；而且要在对佛法正信的一致认同中，创造性地调整佛教弘化范式，以适应佛教对改造人性的时代需要。对佛教财富观的讨论，应该契合市场经济条件下人们的观念变迁，这是佛教契机弘化无法回避的现实课题。与此同时，当代佛教应超越对财富善恶的传统评判，恢复财富本具的自然中立性，在对财富的运用上，回归到佛教的福报原理，更全面而完整地阐释与时俱进的佛法系统。

四、财富伦理与功德社会

财富既是人的社会性体现，同时也是个体生命的功德化形式。当今世间，财富与功德的相关性依然是显而易见的。我们看到从个人性的社会“功德”转向社会化的个人“功德”，这既关乎佛教修行本身的价值取向问题，更取决于佛教制度的合理安排。无论是修行的价值取向，还是佛教独特的制度安排，从社会观的意义上说，都涉及佛教的社会伦理内容。世间法的“伦理”概念，是对事物是否为善的真切认知，它既包括对一个人的日常行为、生活习惯、社会责任和道德品质的反省，这属于“个体伦理学”的关注内容，也包括对社会结构的形成机制、社会生活的制度规范、社会人心的秩序观念等的评判，这属于“社会伦理学”的研究范围，从人性作为社会性（即人作为社会存在的特性）的意义上说，伦理也是一种社会性的关系规范、行为规范的表达，具体到佛教而言，佛教处理这种社会关系、行为规范的准则，其核心观念就在于“和敬”。

必须指出的是，以“和敬”与“和合”为主导的佛教伦理，首先是一种明确指向清净解脱的宗教伦理，其次才涉及与世间法相关的社会伦理、政治伦理、经济伦理、文化伦理、家庭伦理、职业伦理乃至国家伦理等内容。佛教“和敬”“和合”的社会生活伦理，是奉献与成就的完美结合，既为了成就而奉献，又为了奉献而成就，奉献包含了无缘大慈、同体大悲、彻底无我的精神，它促使修行者为其他众生包括当下社会提供应有的服务、担当应尽的责任，在奉献服务和责任担当中，完善自身修行中的清净和智慧，作为一种明确指向出世解脱的道德教化，佛教以“和敬”与“和合”为根本导向的伦理，无疑超越了其他关注社会生活的伦理观念。尽管如此，道德教化只不过是佛教弘化的起点，而非一切佛行的终究目标。

应该看到，随着佛教与社会关系程度的密切与加深，佛教界对现代生活的理解与阐释亦必将更为深入，佛教传统本身的修行课目，如坐禅、止观、念佛、持戒、课诵、抄经、持咒、朝山等，虽然其方式有集体共修的形式，但其指向的是以个体化的出世解脱为根本关切的生命实相。因此，对于社会而言，佛教修行观需要在效用上主动进行相应调适，从而把推行慈善福利工作、参与社会教化活动以及推展文化教育工作等，都有效地被归纳于佛教修行的内容范围内。

任何宗教观念的伦理渗透，都是该宗教进行社会教化渗透的主要手段之一，伦理渗透既要实现观念形态的渗透，同时又要实现现实行为方式的渗透；另一方面，伦理渗透既是宗教走上层路线的必要准备，同时也是把宗教信仰推向民众的有效途径。对此，中国佛教当具有许多历史经验可资借鉴，就此而言儒家孝道伦理与佛教戒道伦理之间的关系问题：正统儒家在所谓佛教非孝论的排佛思想的外衣下，其实同时也是在拒斥佛教的伦理性渗透，中国儒家之所以一再地老调重弹，正是基于这一现实考虑，接受佛教戒即孝论，就无异于接受了佛教思想理论本身。因此，征诸文献，充斥其间的大多是佛教徒对其所持的佛教戒道即儒家孝道的无数申诉，而非儒家方面对佛教戒孝一致论的主动接纳。基于宗教立场的伦理渗透与基于伦理立场的反宗教渗透，二者之间的纠缠与交涉实在是耐人寻味。

宗教伦理化问题，同时也属于宗教社会化问题。中国佛教主张戒孝一致论的思想立场，同时也表明其社会化的思想立场，中国佛教传统以伦理化为表征的社会化，至少具有两个层面的涵义：其一是主动迎合儒家社会所高扬的孝道或孝亲伦理观，这是思想观念层面的社会化；其二是通过伦理化的途径向广大民众进行渗透，这是现实层面的社会化。戒孝一致所展示的中国佛教社会化倾向，体现了中国佛教试图把佛教戒律的出世法度与现实世间法度结合并持，主张外在的社会法度与内在的丛林律制兼行。如紫柏大师提出："世间人自有法度，出世人亦自有法度，世间人礼义不可苟，出世人照用不可昧礼义。"既然世间法度与出世法度各有其合理性，因此佛教主张二者都应并行不悖，佛教戒行完全可以与世间法度兼用并举，从而影响社会人心的秩序建构。

文旅融合背景下“财神信俗”创新发展的路径

——以“天下第一财神庙”杭州北高峰灵顺寺为中心

鲍志成
浙江省文史研究馆馆员

摘要：杭州北高峰灵顺寺“财神信俗文化”是我省宝贵的历史文化遗产和难得的文化旅游资源，但在传承发展中也存在诸多客观局限、问题与不足，如空间狭小、规模偏小、文旅配套设施和服务不完善等。在推进文旅深度融合发展中，要挖掘财富文化，优化功能布局、规范像设布置，提升财神祀典仪式感、观赏性，列入非遗项目实现常态化演示；也要丰富文旅业态，完善交通路线，形成“五路财神通灵顺”的格局，策划举办“北高峰财神信俗文化旅游节”，推出财神信俗文创、科创、文旅产品集市，打造杭州文旅新亮点；更要复建南北高峰塔，重现“双峰插云”景观，为财神信俗文化旅游发展优化环境、创造条件。

关键词：杭州西湖；北高峰灵顺寺；财神信俗；文化旅游

财神是中国民间信仰中主司财运、财富的神祇，自宋代出现以来，社会各阶层信之日笃，逐渐成为最受民间欢迎的善神之一。民众岁时致祭，恭敬备至，衍生出一系列神话传说、节庆习俗，这些成为中国民俗文化的重要组成部分。自从财神出现以来，祭祀财神的习俗就在不断发展，日益丰富，从日常的祈财活动到各式节庆祭祀，渐成体系。由于地域和文化差异，全国各地的财神祭俗也各不相同，各有特色。

作为具有浙江底蕴、杭州特色的北高峰灵顺寺“财神信俗文化”，既是中华优秀传统文化的有机组成部分和经典案例，也是我省宝贵的历史文化遗产和难得的文化旅游资源，在培育健康正确的财富观、实现物质和精神共同富裕、推进文化和旅游深度融合发展、打造杭州乃至浙江文旅 IP、涵养新型现代财富文明、推进中华民族现代文明建设中，具有独特的、不可替代的资源优势和载体作用。

一、灵顺寺“财神信俗文化”传承发展存在的客观局限、问题与不足。

作为风景名胜和旅游胜地的传统寺庙，灵顺寺历史悠久、特色鲜明、闻名遐迩，备受香客和游客的青睐。杭州北高峰灵顺寺，始创于东晋咸和元年（326 年），是印度高僧慧理在杭州所建五寺之一。北宋时，因寺庙内供奉“五显财神”，灵顺寺俗称“财神庙”；到明代，寺内设“华光殿”，又称“华光庙”。明代才子徐渭登山游寺，留题“天下第一财神”，此后灵顺寺的名号响彻大江南北。尤其是被民间传为“财神生日”每年的正月初五的前后，信众、香客上山祈财纳福，络绎不绝，香火兴旺，蔚为壮观。

在西湖风景名胜区成为世界遗产，杭州因成功举办 G20 峰会和亚运会而更加名扬天下，成为旅游热门目的地后，位于西湖风景名胜核心区热点景区的灵顺寺，其文旅发展和旅游交通存在的问题日益突出。在寺院文化传承发展方面，灵顺寺打开山门、广结善缘，通过“请进来、走出去”相结合的方式，做了积极探索。如组建财神信俗文化研究院，邀请专家学者开展寺院历史文化和财神信俗文化研究，挖掘历史文化遗产，编写、出版财神文化研究专著，整理、规范财神祭祀仪轨，申报市级、省级非遗项目等；与此同时，寺院开展书画笔会、专题研讨、“供财神”等活动，结合市民、游客祈财纳福需要，印制“财神像年历”广为赠送，定制财神香袋、挂件等文创产品出售，建造龙柱钟亭，开展撞钟祈愿、悬挂许愿牌等活动，寺院文化和财神信俗传承取得初步成果。近几年来，随着人民群众对美好生活的期望值不断提升，财神信俗大有方兴未艾、如火如荼之势。尤其是年轻人群体在“佛系”“躺平”“内卷”等社会心理影响下，到寺院求财纳福成为其“网红打卡”的新时尚。财神信俗文化与文化消费、休闲旅游、情绪化商业等文旅新业态的融合发展，推动新趋势、新热点、新爆款不断涌现。

但财神信俗文化的转化创新、重塑发展，仍然有很大的客观需求和提升空间，也存在诸多客观局限以及困难和不足。主要有如下几个方面：

一是地理空间狭小，寺基拓展受限。受所在地的地理环境制约，灵顺寺孤峙北高峰顶，拓展局限性本就很大。因历史原因，灵顺寺原有的部分基址被其他单位占用，建造的省广电信号发射塔，与寺院氛围及自然环境很不协调。在这种情况下，现有的寺院空间比较局促，园林绿化、服务设施十分有限，已经很难适应香客、游客上山进香礼佛、祈财纳福的需要。尤其是在春节期间，“烧头香”“初五拜财神”等财神信俗活动的高峰期，寺院内拥挤不堪，存在安全隐患。

二是庙宇建筑规模偏小、像设拥挤。灵顺寺现有的寺院面积和可供利用的空间不大，规模有限。建筑的空间布局简单，主要有牌坊、钟亭、山门殿、文财神殿、武财神殿和大雄宝殿等建筑，呈现庙小名大的局面，与其盛名不相匹配，难以满足广大信众、游客祈财纳福的需求。在像设格局上，佛道同堂、殿小像多。除了佛教神祇如弥勒、韦陀、佛祖、观音、地藏等基本像设外，重点突出财神神祇像设。既有佛教藏密五色财神之首黄财神，又有道教五路财神之首赵公明以及关公、马王爷、财帛星君等，还有众多小财神及金元宝、貔貅等，可谓满堂财神，“财气爆棚”。

三是旅游交通线路有待规划、完善。在旅游交通线路方面，上灵顺寺有 5 条道路（包括北高峰索道），其中上山主通道的索道运营方改善，提升了服务和运营水平，满足了数量不断增长的上山香客、游客的要求；而原有的进山、上山“香道”“寺路”的交通条件、人流容量，尤其是旅游线路设计，尚待提升和改善。有的上山道路是传统村落或居民点间的村道小路，每到进香高峰期或周末节假日，车流堵塞、人流杂沓，上下山道人头攒动，拥挤不堪，许多人兴致冲冲地去祈财纳福，结果扫兴而归。

四是公共文化旅游设施和服务不完善。受空间和交通条件制约，灵顺寺在旅游景点的公益文化消费产品供给和公共旅游服务配套设施方面比较薄弱。有关财神信俗、财富文化的展示缺乏，如茶歇、素斋基本不对外开放。上、下山沿路没有歇脚休息的亭子，只有无人值守、扫码购的饮料、矿泉水，以及算命看相、抽签占卦的星相摊，香客、信众、游人、市民上山除了上香拜财神、祈福许愿，只能爬山观景了。

五是文创文旅发展理念、方法有待改进。在中华优秀传统文化被作为战略资源纳入国家文化创新发展的顶层设计，实施文旅融合发展战略，建设文化强国和现代文明的新时代，文创、文旅发展必须提炼核心价值，转换创新路径，塑造新型业态；要探索创新财神信俗文化的内容、形式，引导社会大众树立科学健康的财富文化观，为培育现代财富文明和财富精神做出贡献；要解放思想、突破局限，视野不能局限于“脚下三分地”，对象不能只面向祈财纳福的信众、香客；要跨界融合，集成资源，与周边寺村、有关单位资源共享，合作共赢；要借助数字化、网络化、智能化技术等新技术推动文创文旅发展，文创不能满足于“手工小制作”，文旅不能“守株待兔”等客上门。

二、优化布局，规范像设，规范祀典，挖掘财富文化，丰富文旅业态，打造杭州文旅新亮点。

鉴于上述情况，应以北高峰灵顺寺为核心，以财神信俗文化为核心资源，提升寺院建设、文化展示、旅游线路规划和配套服务等的整体水平，有效扩展财神信俗文化传承发展的外围空间，促进杭州文旅深度融合发展。其意义重大，势在必行。

1. 优化寺庙空间功能布局，规范佛、道神祇像设布置。从“三教合一”的角度出发，我国民间信仰的神祇像设布置中，不乏儒、佛、道三教神祇同祀一庙的现象。只是如今的灵顺寺不仅佛、道同堂，庙小神多，而且像设规制拥挤、杂乱。

鉴于上述情况，根据丛林规制和像设制度，建议如下：

一是优化功能布局。根据现有建筑大小、功能设计，以佛教寺院为主轴，优化空间布局，突出山门殿、财神殿、大雄宝殿三大殿基本格局，维护保留佛教寺院原有的基本格局和功能。二是规范像设主次。保证佛教像设的设置完整，山门殿以弥勒和韦陀为主尊；财神殿以“五显财神”为主尊；大雄宝殿以佛祖为主尊，其背后以观音为主尊。三是突出财神像设。在财神殿主尊左右，重设密宗五色财神和道教五路财神，形成一主尊、十胁侍像设格局。其他附设佛道神祇像设、画像能减则减，不求多但求精。四是提升像设水平。神祇形象和法具，既要如法如礼、合乎仪轨，也要提高艺术性，力求形制规范、大小适宜、唯美精致、和美庄严。五是调整匾额题刻。原则上不要在神祇像设上题刻文字，匾额、楹联要与建筑功能、像设神祇相契合、相呼应。

2. 恢复“财神祀典”常态演示，增强仪式感、观赏性。俗话说“螺蛳壳里做道场”。佛教有丛林规制，也讲求方便法门，庙宇建筑不在高低大小，适用则好；神祇像设不在多少，灵应则好。灵顺寺孤峙北高峰顶，其主体建筑空间体量十分有限，在硬件建设上难以拓展，所以在软件建设如信俗文化传承上下功夫，才是不二之选、法门正道。

开展财神祭祀礼仪课题研究，形成《灵顺寺财神祀典》。在往年固有的程序上，增加传统的、仿古的礼仪程序，进一步丰富祭拜的仪式感，让祭祀礼制更加规范，更富有观赏性、参与感，为财神信俗申报省级、国家级非遗打下基础，为财神信俗文化旅游提供核心支撑。

要在现有祭祀仪轨基础上，完善、丰富、提升佛门寺院的财神祭祀典礼制度，规范程式化，增强仪式感，增加观赏性，在争取财神信俗成为省级、国家级非遗的同时，常态化展演财神信俗，使其成为香客、游客祈财纳福的必看项目，使人们接受传统文化的熏陶、涵养现代财富观，真正发挥财神信俗文化的社会教化作用。

3. 完善交通路线，形成“五路财神通灵顺”格局。灵顺寺要跳出寺院本位，与周边相关村落、寺院、企业探索合作共赢之路。建议由西湖风景名胜区灵隐管理处牵头，灵顺寺、法华寺、白乐桥村、索道公司、广电信号基站等多方参与，共同探索、资源共享、互利共赢、共建共享，修缮扩建上山游步道，打造“五路财神通灵顺”的旅游交通格局。五条路分别以某一财神命名，在每条路上择址新建以该路财神命名的亭子，以增加文化景观，供游客歇息，既改善旅游交通格局，又扩大财神文化旅游范围，从而提升财神信俗文旅发展的内容质量和空间容量。

4. 策划举办“北高峰财神信俗文化旅游节”。财神信俗文化在建设中华民族现代文明中具有重要作用。新时代如何传承财神信俗文化，做好传统财富文化的研究阐释、交流传播，为建设中华民族现代文明贡献力量，是一个时代课题。策划举办每年一度的财神信俗文化旅游节，是传承弘扬财神信俗和财富文化的重要举措。

财富观念和财富精神是中华民族的集体文化记忆。举办财神信俗文化旅游节，能够通过研究和弘扬财神文化，以讲故事的方式深入挖掘财神文化中蕴含的人文精神、价值理念、道德规范，激活传统财富文化的生命力，推动中华优秀传统文化的创造性转化、创新性发展，使财神信俗文化这个中华民族最基本的文化基因与当代文化相适应，与现代社会相协调，充分展现杭州致力于传承中华优秀传统文化的使命与担当。

文化和旅游深度融合发展的过程，就是实现人民群众对美好生活向往的过程。在这个过程中，中华优秀传统文化承担着以文化人，以精神塑造人、凝聚人的使命。财神信俗文化旅游节的具体内容，可以包括但不限于举办迎新年登山、迎财神等民俗巡游，观赏财神祀典、祈财信俗文物展、祈财纳福法会等系列活动，使该旅游节成为一堂传承中华优秀传统文化的实践课堂，成为一场跨越时空、兼容物质和精神的文化的盛宴、百姓的节日。

5. 推出财神信俗文创、科创、文旅产品集市。运用艺术设计、文化创意和数智技术，开展文创、科创、文旅产品研发生产，通过线上、线下发布新信息，在白乐桥到北高峰沿路的合适路段，进行财神信俗文创产品展卖，以影视、动漫、游戏、VR 互动、纪念币等年轻人喜爱的形式和爆款产品，传播财神文化，讲好财富故事，探索财神文化新业态，更好地满足大众的精神文化需求。

三、理顺关系，突破瓶颈，复建南北高峰塔，重现“双峰插云”景观，为北高峰财神信俗文化发展创造条件。

众所周知，制约北高峰财神信俗文化发展的最大瓶颈，是省广电信号发射塔及其附属设施，无论在空间上还是景观上都对灵顺寺形成很大的制约。这个历史造成的既定事实，因为土地使用规划、特定功能和利害关系等，长期得不到互利共赢的妥善解决办法。在文旅融合不断深入，文化、旅游与广电部门合并，电视信号早已上天（卫星覆盖），网络电视早已普及的情况下，理顺关系、突破瓶颈，为北高峰灵顺寺财神信俗文化创新发展让出宝贵空间、拓宽发展路径的历史机遇或许已经到来。在此建议省、市统筹合作，以复建南北高峰塔、恢复西湖十景之一“双峰插云”景观为契机，迁建信号塔，重建北高峰塔，扩建灵顺寺，为财神信俗文化创造有利条件。由于兹事体大，涉及面广，这里着重就“双峰插云”景观恢复，尤其是北高峰塔的重建提出初步思路。

“双峰插云”是西湖十景之一，南宋时称“两峰插云”，指的是西湖南高峰、北高峰山顶分别建有两座佛塔，遥相对峙，在清晨或雨后云雾缭绕之时高耸入云的殊胜景观，诗人有“浮屠对立晓崔嵬，积翠浮空霁霭迷”之句。入清后，两峰佛塔或圮毁、或遭雷击，仅余塔基，终致堙废，“插云”景观名存实亡。康熙南巡品题西湖名胜时，在今灵隐路洪春桥堍竖碑建亭，故碑、亭尚存。由于历经变迁，原来两峰之间的湖景变成了陆景，最佳观景点从古至今也迭经变化，但南、北高峰作为西湖山水中极宜登临的胜景从未改变。

北高峰又称飞云峰，海拔约 314 米，是灵隐寺的坐山，其顶有 7 层舍利塔。从寺西侧上山，石磴多至数千级，盘折回绕 36 弯，沿途山溪清流回转，林木重叠。及登其顶，晨昏雨雪，一年四季，云、雾、风、雨、晴、雪，美不胜收。历来为西湖登山佳胜之地，毛泽东主席曾有“三上北高峰，杭州一望空”的诗句。

如前所述，由于历史原因，北高峰建有省电视台信号发射塔和附属建筑八角楼等设施，既与灵顺寺建筑极不协调，也限制了该寺空间容量和建筑规模的扩展。据了解，为了摸清北高峰塔遗址及灵顺寺的范围，2018 年 4—5 月，杭州市文物考古研究所联合浙江大学相关院系对北高峰塔遗址进行了考古调查和物探作业，有三点收获：一是这次北高峰塔遗址考古调查与物探基本廓清了宋代北高峰塔与灵顺寺的整体空间格局，是在西北—东南向的中轴线上以前院后塔的形式布局，这使我们对中国佛教转型时期的塔院布局有了更多的了解；二是基本确认了北高峰塔遗址的地理位置；即在北高峰峰顶平台的三级台地上，现电视台发射塔内八角楼建筑区域一带。三是大致可推测出北高峰塔的外观形制为 7 层楼阁式空心砖塔，与南高峰塔的外观存在高度相似性。北高峰塔在北宋初年复建时藏有舍利，舍利是否尚在、北高峰塔下是否有地宫等，此次调查均未得出结论。这次考古调查为进一步厘清塔基和寺基规模和方位提供了基本参考，也为恢复“双峰插云”景观打下了历史基础。

在此情况下，建议省市有关部门适时召开联席会议，研究解决拆塔迁建、佛塔重建及有关的土地划拨、拆迁补偿、经费来源、经营主体等问题，达成共识，分工负责，加快实施，争取通过三五年实现对灵顺寺及周边景区的改造、扩容和其品质提升，形成以“一寺一塔”为核心、 “五路财神通灵顺”为范围的杭州北高峰财神信俗文化旅游新亮点。

参考文献：

[1] 习近平 . 扎实推动共同富裕 [J]. 求是杂志，2021.(20).

[2] 黄景春 . 30 年来财神信仰及其研究状况概述 [J]. 长江大学学报 (社会科学版),2008,31(6):12 — 16.

[3] 陈金凤 . 略论汉地佛教中的财神信仰 [J]. 世界宗教文化，2015,(5):141-147.

[4] 高丙中 . 当代财神信仰复兴的文化理解 [J]. 思想战线，2016,42(6):138-147.

[5] 谢路军 , 郭俊实 . 道教与佛教财神文化的价值观 [J]. 中国宗教，2021,42(12):72-73.

[6] 通一凡 . 财神信仰 从恐惧到有度 [J]. 文明，2023,(05):32-53+8.

[7] 释印旭 , 张家成 . 中国财神文化 [M]. 北京：宗教文化出版社，2022.

杭州北高峰灵顺寺石雕文物解读

柴眩华
浙江省文物鉴定站原首席专家、研究馆员

摘要:杭州北高峰灵顺寺,作为“天下第一财神庙”,寺内至今保存有陛阶石、拜石和石雕施食台等古代遗物。这些石雕文物以吉祥题材为主装饰,配有诸多内涵丰富的吉祥图案,代表着古人生活中的精神寄托,是人们向往幸福、平安、富裕等美好生活的反映。同时,通过与同时期同类型器物的比较,以及结合文献研究,初步认为这几件石雕文物制作年代为清晚期。灵顺寺石雕文物既体现了佛教文化与民俗文化的融合,也是研究晚清时期杭州地区社会生活及佛教建筑的重要实物资料。

关键词:灵顺寺;石雕;文物;晚清;吉祥图案

提起灵顺寺，人们或许有点陌生，但说到财神庙则杭人皆知，杭州的寺庙在外名气最大的当属灵隐寺，但杭州本地人迎财神去得最多的是灵顺寺。雄踞于杭州北高峰峰顶之上的灵顺寺，为印度高僧慧理禅师始建于东晋咸和年间的五灵（灵鹫、灵隐、灵峰、灵顺、灵山）之一，属于杭州创建时间较早的名刹。北宋初年，因寺内供奉五显财神，灵顺寺始称财神庙；明代设别殿供奉华光大帝，故民间又称其华光庙。江南才子徐渭登山游寺谓平生所仅见，留下了“天下第一财神”墨迹，从此，财神庙声名大噪，香火鼎盛，信众如织。对于喜欢前往灵顺寺许愿的游客而言，求福、求顺、求财运包含了他们最质朴的诉求，以及对于现实生活最美好的心愿。灵顺寺自建成后，屡废屡建，至今寺内尚保留一些古代遗物，比较重要的有陛阶石、拜石及石雕施食台等，但这些不为人所关注，鲜有介绍。本文拟从题材纹样、吉祥寓意以及制作年代等方面，试对这几件石雕文物的历史、艺术价值进行解读、探讨。

一、石雕概况

1.“二龙戏珠”纹陛阶石

陛阶石也称“丹陛石”“御路石”，为殿堂门前台阶中间镶嵌的那块长方形大石头，是我国古代皇家或高等级公共建筑的象征性标志，非普通民居可以使用，多见于设置有台基的宫殿、佛寺和文庙等类型建筑的殿堂阶下。

“二龙戏珠”纹陛阶石为青石质，长 186 厘米、宽 93 厘米，位于灵顺寺正殿财神殿门前石阶正中，两侧夹以长方形的垂带石板，连接地面与财神殿台基。陛阶石图案由主图和边饰组成，边饰为长方框内浅浮雕一圈缠枝卷草纹，主茎清晰、枝叶简洁。主图分为上中下三部分，采用高浮雕技法，中间主题纹样为一个圆形开光内的“二龙戏珠”图，两条龙相对，戏玩着一颗宝珠，宝珠周缘升腾有八边形火焰。龙呈行走姿态，左侧一条龙嘴闭合，右侧一条嘴部微张。两条龙昂首挺胸，鹿角，虾状眼，上颚超过下颚，龙须卷曲似羊须，头毛细密成三咎往后披，龙身上的鳞片呈扇形，四爪，三叉形龙尾，双龙四周祥云围绕。在云龙纹的下方雕刻有“海水江崖”纹，由三座圭形山峰组成的山崖和周围的七组水波纹组成，水势平稳、海

图 1 灵顺寺陛阶石

面平静，寓意为寿山福海。开光的边缘饰有上下对称绶带、圆球。在“二龙戏珠”图的上部为两只大狮子和一只小狮子组成的太狮少狮图，顶部幼狮倒立于飘带之上，呈嬉戏状，其下方左右各有一只成年狮子，仰头注视着它，圆睁大眼，张口露齿，头部和背部鬃毛卷曲，胸前挂有铃铛。二龙戏珠图下部则雕刻有双狮抢球图，狮子的样式与上部太狮少狮图的一致。两只狮子相对而视，各伸出一爪，欲争抢雕花绣球。（见图 1）

2. “平升三级”纹拜石

拜石设于大殿进深第一间正中的地面上，佛像和供桌之前，供信徒礼佛时跪拜所用，在佛殿内起指示作用，是参拜佛陀的标志。佛教寺院、道观等各类寺庙中均有设置。

图 2 灵顺寺拜石（局部）

“平升三级”纹拜石为青石质，长 175 厘米、宽 90 厘米，位于正殿财神殿内的地板上。整体采用浅浮雕法，在由勾连回纹组成的圆形开光中间，一个宝瓶被置于三足瓶座之上，瓶小侈口、丰肩、斜弧腹，上腹部带有两个“S”形耳，瓶身饰有一团花。瓶口内插有戟三支，左右两支戟上系有结带，悬挂着盘肠、双鱼、古磬及流苏，寓意为“平升三级、吉庆有余”。开光之外的四角空白处布满了卷草纹，边饰亦为长方框内的一圈缠枝卷草纹。拜石不同纹饰部位的表面残留有红、黄、蓝、绿色等彩绘痕迹。（见图 2）

3. 石雕莲瓣纹施食台

施食台，又称出食台、供食台、孤魂台等，民间俗称石佛柱。源自佛教“施食”的典故，后逐渐成为寺院建筑的一种必须摆件，常见的材质是石材，也有木材。施食台一般设在大殿外，也可置于一些人烟较少或清静的地方，供放加持过的食物、水和香烛等，以普施十方神圣、飞鸟等。

图 3 灵顺寺莲瓣纹施食台

石雕莲瓣纹施食台为青石质，一对两件，台面长宽均为 30 厘米，高 58 厘米，现位于山门殿外两侧，呈对称摆放。施食台立体雕刻而成，自上而下依次为上承露台、台身和底座，台面下方浮雕双层仰莲瓣纹；底座上浮雕双层覆莲瓣纹，莲瓣宽阔饱满，线条简洁、清晰；台身为鼓形四面柱体，光素无纹。（见图 3）

二、石雕纹样的文化内涵

1. 二龙戏珠，寿山福海

“二龙戏珠”“寿山福海”纹饰位于陛阶石中部。龙是中国传统的祥瑞纹样，自古为华夏民族崇拜的图腾，传说龙能兴云雨、利万物，使风调雨顺、丰衣足食、国泰民安，故为四灵之一；在封建社会它还代表着至高无上的皇权，是尊荣和高贵的象征。它集中了许多动物的局部特征，经过数千年的不断演变，才形成了特定的形态，即头似驼，角似鹿，眼似兔，颈似蛇，腹似蜃，鳞似鱼，爪似鹰，掌似虎，耳似牛。这种复合结构，意味着作为华夏民族图腾的龙是万兽之首、万能之神，是神武和力量的象征。其图案的实物遗存最早可追溯至距今八千多年的新石器时代，辽宁阜新查海遗址出土的龙的形象为石块堆塑龙。而“二龙戏珠”图像的出现要晚于龙的单体形象，河北省石家庄市赵县隋代赵州桥的石雕栏板（见图 4），应为“二龙戏珠”题材最早的实证之一。龙虽为中国本土神话动物，但并不为中国文化所独有，早期犍陀罗菩萨雕像的项链配饰上多见有“二龙戏珠”图案；而中国“二龙戏珠”这一题材，则是魏晋时期对犍陀罗文化中二龙戏珠的图案进行本土化改造后才形成的，与佛教的传入和

图 4 赵州桥二龙戏珠纹石雕栏板（左为石雕原物、右为复原图）

本土化密不可分。[1]“二龙戏珠”纹寓意吉祥安泰，也有祝颂平安与长寿之意。

图 5 明代寿山福海纹瓷器

在“二龙戏珠”纹下方，雕刻有“海水江崖”纹，又称“寿山福海”，象征着皇帝一统山河的权威，及王朝万世升平和绵延不断。该图案多见于明代、清代瓷器之上，如故宫博物院藏明永乐青花寿山福海纹香炉、南京博物院藏明嘉靖青花云龙纹瓷大盘（见图 5）；至于石雕陛阶石上，这种纹饰就更为多见，最著名的如故宫博物院保和殿的清乾隆年间重刻的丹陛石，其上部雕有九龙，下部雕有海水江崖，为故宫博物院现存尺寸最大的宫殿丹陛石。

2. 太狮少狮，双狮抢球

陛阶石顶部雕有“太狮少狮”纹，底部雕刻“双狮抢球”纹。狮子又名“狻猊”，原产于西亚、南亚等地，在汉代张骞出使西域之后传入中原，是我国古代传统吉祥纹饰。此外狮子在佛教中的地位也十分尊贵，它不仅仅是文殊菩萨的坐骑，还是驱邪之象征，甚至佛典将佛祖说法比作“狮子吼”。

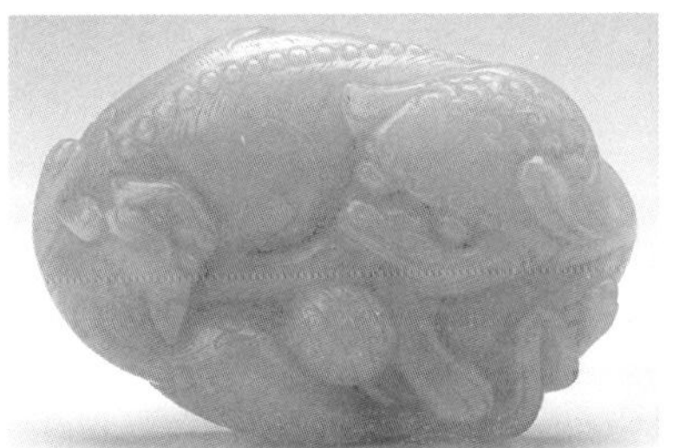

图 6-1 清太狮少狮玉带扣

图 6-2 民国矾红彩太狮少狮纹双耳瓷瓶

图 6-3 合肥李鸿章故居抱鼓石

狮子作为百兽之王，有极大的威慑力，寓意着消灾、驱邪、赶走一切灾难，寓意着好事马上就要降临。古汉语中“狮”“师”同音通假，故旧时常借狮喻师，以示吉祥。明清时期与狮子相关的谐音吉祥图案，受到人们的广泛喜爱，太狮、少狮、双狮抢球的纹饰常见于玉器、瓷器、石雕、木雕等各种质地的文物中，如杭州博物馆收藏的清太狮少狮玉带扣（见图 6-1），温州博物馆收藏的中华民国矾红彩太狮少狮纹双耳瓷瓶（见图 6-2）；用于建筑装饰之上的也为数不少，如安徽省合肥市李鸿章故居抱鼓石，即雕刻有类似的三狮滚球图案（见图 6-3）。“太狮少狮”纹也称“太师少师”纹。古代官制有太师、少师，分别位居三公（太师、太傅、太保）和三孤（少师、少傅、少保）之首，太师为正一品官员，少师为从一品官员，官位显赫。“太师少师”这一图案，象征位极人臣、官运亨通等吉祥意愿，表露出了对富贵的追求。“双狮抢球”寓意 “喜事连连、招财进宝”，成为喜乐、欢腾、富有生命力的象征。人们希望狮子能够赶走厄运，绣球可以带来好运，从而风调雨顺、繁荣富强，“双狮抢球”既代表着祛灾祈福，又表示喜庆、吉祥、欢乐。

3. 平升三级，吉庆有余

“平升三级”“吉庆有余”纹饰出现在拜石上。“平（连）升三级”为明清时期常见图案，通常是一花瓶内插有三支戟，也有的在基础图案旁边雕刻乐器“笙”和植物“莲花”，使得谐音更加连贯，“瓶”与“平”谐音，“笙”与“升”谐音，“莲”与“连”谐音，“戟”与“级”谐音，“三戟”意为“三级”。“平升三级”寓意加官晋爵、连升三级。如江苏省淮安市洪泽湖大堤上的清代连升三级、平升三级等石刻图[2]（见图 7）。

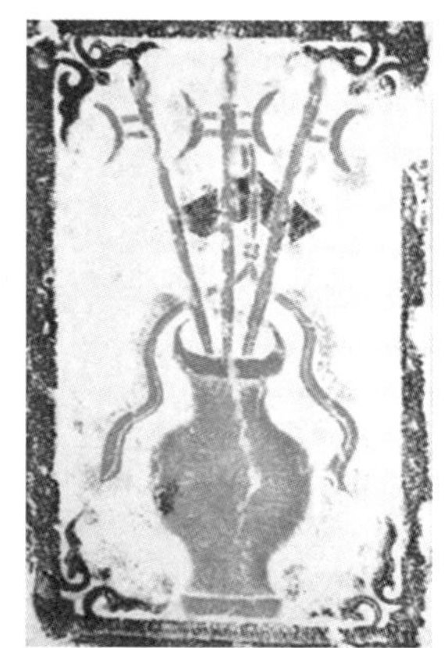

图 7 江苏省淮安市洪泽湖大堤上的平升三级等石刻拓片

“级”指的是古代官员的品级，分为九品十八级，凡是入流官员，无论官职高低，均纳入这一官阶体系，升级便意味着官员阶品的提高，人们用“平升三级”之类的图案祝愿仕途顺利、飞黄腾达。同时，“戟”与“吉”音同，“磬”与“庆”音同，“鱼”与“余”音同，这三者又构成了“吉庆有余”的画面。鱼和宝瓶、盘肠纹样本身，又均属于佛教经典的八宝图案。鱼象征佛法具有无限生机，如鱼游水中，自由自在；瓶象征佛法深厚坚强，聚福智，圆满充足，如宝瓶般坚固无漏；盘肠又称无穷盘、吉祥结，象征佛法的强大生命力，绵延、往返、不绝。

4. 莲瓣纹

石雕施食台上的纹样为莲瓣纹。莲瓣纹作为器物的装饰，在我国出现极早，故宫博物院、河南博物院收藏的1923年出土于河南省新郑市李家楼的青铜莲鹤方壶，壶顶部的单层莲瓣已经极为具象化[3]，在同时期文学作品中，莲花往往被视为“出淤泥而不染，濯清涟而不妖”的高洁之物，如《离骚》中的文字，“进不入以离尤兮，退将复修吾初服。制芰荷以为衣兮，集芙蓉以为裳。”至佛法传入我国并兴盛后，莲花作为佛教艺术的主要装饰纹样得到广泛使用，是佛国净土的象征[4]，对于佛教的全民性崇拜，使得这一时期社会生活中不同质地、用途的器物均采用大量的莲瓣纹进行装饰，至明清时期，虽然我国艺术的世俗化特征已极为明显，但莲瓣纹仍作为最受欢迎的植物纹饰，经久不衰。

5. 卷草纹

陛阶石和拜石的边框之内均装饰有缠枝卷草纹，二组卷草纹风格一致，“S”形的主茎贯穿其中，呈波状曲线，以“C”形的曲线作为枝叶，枝头的叶子较为宽大。卷草纹是西方传入中国的重要植物纹样之一，它的盛行与佛教传入我国密不可分，流行于魏晋南北朝时期。在魏晋时期，它以金银花的茎蔓为原型，经过提炼加工形成，也被称为忍冬纹，关于忍冬最早的记录为南朝萧梁时期陶弘景《本草经集注》：“十二月采，阴干。今处处皆有，似藤生，凌冬不凋，故名忍冬。人唯取煮汁以酿酒，补虚治风。”卷草纹主要用作建筑的边饰，如门框、碑刻边饰等，同时，由于波状结构自然产生一种连绵不断、轮回往复的艺术效果，它也成为佛教艺术的主要装饰纹样，常出现在佛龛外沿、石窟壁画的边饰等位置。到了唐代，古代工匠们大胆地在波状结构中添加了不同种类的花卉、枝叶、果实，形成了葡萄卷草、莲花卷草、牡丹卷草等不同形式，这些成为唐代的流行纹样，如杭州市临安区后晋天福四年（939年）的康陵出土的白玉透雕凤凰花片（图8），凤凰即居于缠枝莲花卷草之中。至明清时期，卷草纹成最为常见的辅助纹饰之一，其图案因呈现连续性、绵延性和规律性，仿佛具有不息的生命力，与佛教中生命轮回的观念相契合。同时，卷草纹通过舒

图8 康陵出土的白玉透雕凤凰花片

展回转的曲线产生了一种富有韵律的流动感，其连绵起伏、生机勃勃的视觉形象又被赋予“多福多寿、长寿万年”的吉祥寓意。

6. 回纹

回纹为拜石开光边饰，以横、竖直线构成，首尾衔接，连续不断。回纹最早可追溯至新石器时代彩陶和印纹硬陶上的彩绘、拍印；到了先秦时期，在青铜礼器上，与回纹类似的方形雷纹十分流行；至唐代，回纹作为附属纹饰，开始流行于各类不同质地的器物之上，如江苏省镇江市丁卯桥唐代金银器窖藏中的唐代银鎏金婴戏小银瓶等器物颈部的回纹（图 9），已经与宋元瓷器上的回纹无异。明清时期，尤其是清代，回纹作为石刻建筑的重要辅助纹饰极为盛行，前文所述安徽省合肥市李鸿章故居抱鼓石，其上的回纹中又雕刻折枝牡丹纹，更显世俗富贵。《说文解字》释“回”字为“转也，从口，中象回转形”，作为中华民族最为经典的传统装饰纹样之一，回纹最大的特点就是回转往复，连续不断的线条看似简洁，却蕴含着古人对自然规律的深刻认知，暗示世间生命均有轮回，生生不息、绵延不绝。与同样象征生命轮回的卷草纹、缠枝花卉纹的写实不同，回纹的产生可谓基于现实而超越现实，是我国先民将现实中的事物与感悟到的生命哲学相结合后产生的一种抽象化符号。

图 9 唐银鎏金婴戏小银瓶

在“图必有意，意必吉祥”的明清时期，人们常借民间神话传说、日常司空见惯之物，以寓意手法，寄情于物，以图案为载体，赋予图案“托物呈祥”的意趣。灵顺寺石雕以吉祥谐音图案装饰为主，辅以回纹、卷草纹等经典的附属纹饰，给人视觉上的愉悦和精神上的慰藉。这些装饰纹样体现出佛教文化与民俗文化结为一体的情况，传达了当时人们对美好生活的强烈期许与追求，也反映出追求喜庆的世俗文化特点。

三、石雕的年代

据文献记载，灵顺寺建寺一千七百余年来，屡遭磨难，但兴盛不绝，清咸丰十一年（1861 年）又毁于火，光绪初年重建，民国四年（1915 年）由上海施姓富商集资重修。民国时人徐映璞《北高峰记》和胡祥翰的《西湖新志》记录了这一时期灵顺寺最为详尽的重建和修复经过，前者载：“八百年来，相沿未改。光绪初重建，陶甓皆运自西溪，进香者携带负荷，积十余年而后就”[5]。胡文又详记：“清光绪间，重建山门。民国四年，施姓出资重修”[6]。由此可见，灵顺寺最后一次重建在清光绪年间，后于民国四年（1915 年）重修，之后于公元 2005 年、2013 年分别再次大修，始成今日格局。寺内的这几件石雕文物上，虽未有直接表明其制作年代的确切铭款，但陛阶石、拜石作为不可移动的建筑构件，可以判断其当为光绪重建之时安装使用；而施食台则未必属同期，从雕刻风格、风化程度观察，施食台似乎更早一些，但亦为清代之物。

其次，从石雕本身题材内容，图案结构布局，龙纹、狮纹等动物纹样和卷草纹、回纹等辅助纹饰的特征以及雕琢工艺看，这些石雕都符合晚清时期的时代风格。

再次，杭州素有“东南佛国”的美誉，正如明人田汝成所载：“杭州内外及湖山之间，唐以前为三百六十寺，及钱氏立国、宋朝南渡增为四百八十寺，海内都未有加于此者也。”[7] 城内外古刹林立，然而，咸丰、同治年间的太平天国运动，导致连绵的庙宇多遭战火摧残，包括上下天竺、灵隐在内的众多名寺均遭毁坏。直至太平天国运动结束后，杭城各寺才再次得到修缮，并有部分新建寺庙，如同治四年重修的吴山城隍庙[8]、光绪七年新建的弥陀寺[9]、光绪十三年重修的萧山祇园寺[10]，这三座寺庙现均存有部分石雕件，其中弥陀寺存回纹拜石、莲（连）蝌（科）纹拜石各一件，回纹拜石位于大佛殿内进深第一间正中央原位；祇园寺平升三级、吉庆有余拜石位于天王殿内进深第一间正中央原位；吴山城隍庙平升三级拜石在城隍庙被拆毁时被挪作他用，如今

1 2 3 4 5

图 10 杭州宗教建筑内现存拜石

（拜石对应地点：1. 玉皇山朱天庙；2. 萧山祇园寺； 3. 弥陀寺大佛殿；4. 弥陀寺大佛殿西南角；5. 吴山城隍庙。）

保存于上城区文物保护中心。（图 10）灵顺寺这几件石雕文物，无论是其石灰石砂岩质地，还是雕刻工艺、题材纹样，均与上述寺庙内现存石刻基本类同，这也从另一个方面印证了灵顺寺内石雕文物的制作年代。附带一句，杭州另一道教寺院玉皇山朱天庙保存的五福捧寿拜石，亦与这批石雕制作于同一时代。

四、结语

杭州是东亚佛教文化发展与传播的重要中心，至明清时期，佛寺何其多？佛事何其兴？但历经太平天国战争和近代战乱[11]，杭州寺庙保留下来的年代较久、等级较高的石雕文物寥寥无几。此次对灵顺寺现存的陛阶石、拜石、施食台的形制、纹饰等方面进行梳理，发现其与昭庆寺、祇园寺等寺庙现存石雕年代相近、风格相同，结合相关文献记载，基本可以认定上述几件石雕文物为晚清时期遗物。特别值得一提的是灵顺寺“二龙戏珠”纹陛阶石是高等级公共建筑地位的体现，遍观灵隐、净慈、昭庆、海潮诸寺，甚至是杭州孔庙，均已不存此纹样的陛阶石，而“平升三级”纹拜石，在杭州现存拜石中亦属精致。装饰纹样是各个历史时期思想文化最为直观的载体，也是最具时代特色的艺术创作。灵顺寺石雕上的装饰纹样蕴含着丰富的历史文化信息，为我们研究当时的社会生活、时代风貌及审美习俗，提供了重要的实物资料；同时，也为进一步研究晚清杭州佛教寺院建筑艺术，提供了参考。现北高峰上除了灵顺寺，基本没有什么古迹，但历史上流传的白明王庙、北高峰塔和无着禅师塔在史书、游记、诗句里仍可觅到，特别是那座曾与南高峰塔相对立的北高峰塔是诗人所赋的好景物，彰显了北高峰在中国悠久历史上的文化高度，因此，若能重建北高峰塔，恢复塔院一体景观，相信可以再现“双峰插云”的历史盛景。

参考文献

[1] 李静杰，齐庆媛．二龙戏珠与二龙拱珠及二龙戏珠的图像系谱 [J]. 石窟寺研究 2015, 第 1 期，第 202—204 页．

[2] 韦清．洪泽湖大堤上的石刻图 [J]. 郑州：中原文物，2016, 第 6 期，第 102—106 页．

[3] 大中．河南博物院藏品选粹——莲鹤方壶 [J]. 郑州：中原文物，1999, 第 3 期，第 99 页．

[4] 袁承志．风格与象征——魏晋南北朝莲花图像研究 [D]. 北京：清华大学，2004.

[5] 徐映璞．杭州山水寺院名胜志 [M]. 王国平．西湖文献集成（第 10 册）．民国史志西湖文献专辑．杭州：杭州出版社，2004：第 337 页．

[6] 胡祥翰．西湖新志 [M]. 上海：上海古籍出版社，1998，第 459 页．

[7] 田汝成．西湖游览志余 [M]. 杭州：浙江人民出版社，1980，第 230 页．

[8] 丁丙．武林坊巷志 [M]. 杭州：浙江人民出版社，1987，第 305 页．

[9] 卢振英．杭州弥陀寺石刻钩沉 [J]. 杭州：杭州学刊，2016, 第 2 期，第 214 页．

[10] 天王殿正梁之上现存重修题记：“大清光绪十三年岁次丁亥孟夏……”

[11] 何一民．中国传统工商业城市在近代的衰落——以苏州、杭州、扬州为例 [J]. 成都：西南民族大学学报（人文社科版），2007, 第 4 期，第 1—11 页．

古代货币文化与财富史观

屠燕治
杭州南宋钱币博物馆馆长、研究馆员

摘要：钱币学，是一门收藏与研究钱币实物的学科。这门学科的重要性后来逐渐提升，是因为它为历代的财政、经济、文字、美术、神话、宗教、民俗、地理，以及计量制度等的研究，提供了非常有用的实物资料。它研究的是钱币实物，是对一般史书缺漏的补充，是对一般史书错误的纠正。民俗钱，作为钱币学的组成部分之一而获得重视。文章例举各种民俗钱，从宏观到微观，按“双重证据法”，纵述历代货币的考古发现，及财富对社会发展、文明进程的影响。文章以两份附件收尾。

关键词：钱币学；货币史；民俗钱；财富观；文明史

钱币学，是一门收藏与研究钱币实物的一门学科。在研究古代货币文化中占有重要位置。世界上，中国和希腊几乎同时产生钱币铸造。但收藏和研究钱币的科学即钱币学，早先是在中国产生的。[1]

钱币学，不仅考古，还考今。在中国，它比金石学还要早，但后来被包括在金石学之内。在研究货币史时，必须研究钱币学。货币史不完全是经济史，它有它的独立性。它一只足站在经济史领域，另一只足踏在文化史领域里。[2]

中国钱币学在 4 世纪产生，欧洲却要在 1000 年之后才有人认真收集和研究钱币。钱币学对于历代的财政、经济、文字、美术、神话、宗教、民俗、地理，以及计量制度等的研究，提供了非常有用的资料。钱币学研究的是钱币实物，是对一般史书缺漏的补充，是对一般史书错误的纠正。[3]

民俗钱，也称信俗钱。在早期称“厌胜钱”“压胜钱”，后延伸为“压岁钱”“门神钱”“财神钱”……

南宋绍兴十九年（1149 年），洪遵撰《泉志》，将钱币分为九大类。对这九大类进行笼统分类，可分为两大类，即正用品（正式流通钱币）；非正用品（不流通钱币）。比如厌胜钱，即民俗钱，属于不流通钱币。

起初，一般人认为厌胜钱最早起源于汉代。后来，自魏晋南北朝，经宋、辽、金、元数代，厌胜钱得到空前发展，品种、数量均比前期丰富。到明清两代，厌胜钱币的铸造工艺和流传范围更是到达鼎盛时期。厌胜钱币的内容涉及各个领域，几乎无所不包，称谓更是名目繁多、形形色色，其形制、铭文、纹饰，花样繁多、五花八门，后来民间干脆将这些“非正用品”，统称为“花钱”。

（一）常见的汉代至民国的民俗钱

1. 汉代厌胜钱：面文“辟兵莫当”，背文“除凶去殃”。（图 1）

2. 汉代新朝时期钱币：面文“悬针篆”，币名“货布”，背饰脚踩祥云的武神和插有兵器长杆戟的瓶子。（图 2）

图 1 汉代厌胜钱

图 2 新朝钱币

[1] 彭信威．中国货币史 [M]．上海：上海人民出版社，2020.

[2] 同 [1].

[3] 同 [1].

图 3 南北朝·北周压胜钱

图 4 南北朝·北齐厌胜钱

图 5 北宋·淳化元宝金钱

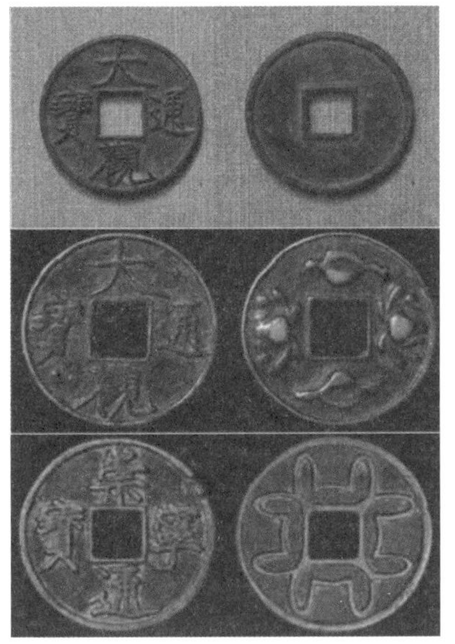

图 6 大观通宝、崇宁通宝·庙宇供养钱、压胜钱

图 7 隆兴通宝银钱

图 8 乾道元宝金钱

图 9 祝寿钱

图 10 宋道教棋仙压胜钱

3. 南北朝·北周压胜钱：面文为“玉箸篆”，铭文五行大布、背饰玄武剑七星纹（图 3）

4. 南北朝·北齐厌胜钱：面文“常平五铢”，背饰日月星辰图纹。（图 4）

5. 北宋·淳化元宝金钱：面文为“大观通宝、崇宁通宝”，为庙宇供养钱、压胜钱（图 5、6）

6. 南宋宫廷赏赐钱：隆兴通宝银钱、乾道元宝金钱、“天基万寿”祝寿钱。（图 7、8、9）

7. 宋道教棋仙压胜钱（图 10）。

图 11 宋元佛教压胜钱

图 12 代厌胜钱

图 13 明代吉语压胜钱

图 14 清初康乾官铸压胜钱

图 15 清晚期同光宣官铸压胜钱

8. 宋元佛教“取经故事”压胜钱（图 11）。

9. 金代厌胜钱：面文“大定通宝”，背饰本命星官纹、云月夜叉纹。（图 12）

10. 明代吉语压胜钱：面文“太平通宝”，背文“招财进宝”。（图 13）

11. 清初康乾官铸压胜钱（图 14）。

12. 清晚期同光宣官铸压胜钱（图 15）。

图 16 宋代厌胜钱

图 17 宋代吉语民俗钱

图 18 宋代民俗钱

图 19 宋代压岁钱

图 20 宋代压岁钱

图 21 明代民俗钱

图 22 清代厌胜钱

（二）杭州南宋钱币博物馆馆藏的民俗钱

1. 宋·十二生肖·厌胜钱（图 16）。

2. 宋·楷书“龟鹤齐寿”·吉语民俗钱（图 17）。

3. 宋·九叠篆“本命星官”民俗钱（图 18）。

4. 宋·十二生肖·猴年·“本命星官”压岁钱（图 19）。

5. 宋·十二生肖·虎年·“本命星官”压岁钱（图 20）。

6. 明代用流通钱设计成的民俗钱（图 21）。

7. 清代·文曲星独占鳌头·厌胜钱（图 22）。

图 23 清代吉语民俗钱

图 24 清康熙 20 省钱局名诗文钱

图 25 清代天地会会钱

图 26 清代天地会切口

图 27 清代秘密会社

8. 清・连生贵子・吉语民俗钱（图 23）。
9. 清康熙 20 省钱局名诗文钱：面文“同福临东江，宣原苏蓟昌；南河宁广浙，台桂陕云漳。”，其中，“臺”，即为中国台湾。（图 24）
10. 清・天地会会钱：面文“洪武天下太平”，背文“圣旨午人存日月明”。（图 25）
11. 天地会切口：“太平天国道（到）・有王道（到）・马（上）成功”。（图 26）
11. 清代秘密会社：“奖・妙一玄坛”“唵・天运乙丑”银牌。（图 27）

一、民俗文化研究与中华文明史的关联性

有人认为厌胜钱起源于战国时代；还有人认为，厌胜钱的源头是原始的“冥币”。从馆藏实物和考古资料证明，其源头或许更早。

从源头考察，“钱”的产生对社会价值观的依赖度，或与良渚文化早期“财富的象征”有着内在的源流关系。

司马迁《史记・平准书》中记载，在秦始皇统一货币时，“珠玉、龟贝、银锡之属为器饰宝藏，不为币。”那么司马迁这里所指的珠玉，在秦统一之前应该被当作过

图 28 杭州市余杭区良渚古城遗址反山 23 号墓穴两侧棺椁痕迹

货币。先秦时铸造的铜质货币，还直接把“珠”作为圜钱“珠重一两十四”的币名。

文献记载，历史上珠玉不但是货币，而且价值还高于黄金和其他金属货币。《管子·地数》曰：“珠玉为上币，黄金为中币，刀布为下币。”

古代珠玉，狭义指玉珠。晚清学者俞樾在《玉佩考》一文中说：“古人所谓珠者，实皆以白玉为之。”而在广义上，珠玉既是指圆形有美石之称的宝石，也包括光洁圆润、贵为饰物且获得珍珠之名的珍珠。那么，珠玉作为“上币”时，它的价值究竟高到了什么程度？

《庄子·列御寇》记载的“千金之珠”，“珠”被冠以“千金”之值，与《韩非子》所说的“千金之马”同价，而特别大的“隋侯之珠”，则价值更高。最贵的珠玉，甚至还可以换取一座城邑。《左传》载，哀公十一年（公元前 484 年），宋国司马向魋因为卫国太叔疾归附献美珠，竟给疾一个城邑；宋国国君闻知有此珠，意欲索要，向魋竟不肯献出，为此不惜得罪国君。

由于良渚玉璧在很长一段时间内被误认为是汉工，它自然也不会跟货币有任何联系。然而后来情形发生改变，20 世纪 80 年代，考古工作者发现，以往被认为出自汉代的玉璧，是出现在新石器时代的良渚文化遗址中的。于是，研究者把“珠玉为上币”的探索目光，从夏商周向前推进 1000 多年，集中在货币的起源问题上。

货币起源问题，是一个千古之谜。南宋洪遵《泉志·序》曰：“泉之兴，盖自燧人氏以轻重为天下。太古杳邈，其详叵得而记。”在古代，钱又称“泉”。文中“燧人氏”，乃是远古时代传说中的人物。“以轻重为天下”，意为通过商品、货币流通来治理天下。这本《泉志》堪称世界现存最早的钱币学专著，800 年前洪遵在论述钱币起源问题时的详情，因年代太过久远，已不得而知。现代著名货币史学家彭信威先生在世时，也因历来“不见有大量的玉片出土”，难以对“珠玉为币”做出评论。1986 年，余杭反山 11 座良渚文化大墓出土随葬玉璧 125 件（图 28），其中 M20、M23 均出土四五十件。于是，“玉璧是财富象征物”的看法在考古界中形成。

尤其，在反山墓葬玉璧中，直径最大、制作最精美的高品质玉璧，专门置放于墓主人的头部、胸部和腰间；而那些为数众多、直径偏小、厚薄不匀，又制作不精的玉璧，全都被堆放在下肢附近。因为这一现象，除了良渚玉璧的祭祀功能外，研究者再一次把目光定格在约 5000 年前良渚人的财富观念上。

我们从良渚古城遗址一座座王陵贵族的墓穴中，还能清晰辨认出 5000 年前采用大型棺椁，被称为棺殓落土厚葬的情景。这类延续了约 5000 年的葬俗，既是一个地区民风民俗和宗教信仰的活化石，也是一个国家和民族文明演变的见证。

1991 年夏，时任中国人民银行行长、中国钱币学会名誉理事长的李葆华先生来到杭州，提出了“良渚玉璧与中国钱币究竟存在什么关系”的讨论；1997 年冬，“良渚文化玉璧专题学术研讨会”在杭州举行。研讨会收到论文 19 篇，有学者称，论文“全面反映了良渚文化玉璧的研究成果”。时任中国钱币学会学术委员会主任、“夏商周断代工程”首席专家李学勤教授来信说：“探讨玉璧功能意义深远。”

这些研究文章中，介绍了古良渚人把玉璧和磨光未开锋的石斧与死者一起随葬，开启“事死如事生”的葬俗之风。远古良渚文化时期采用具有“财富象征”的玉璧和石斧瘗葬，夏商周用贝币瘗葬，战国用金饼，汉朝用釉陶仿制麟趾金瘗葬（图 28），魏晋用纸质冥钱瘗葬，唐、宋、清用昏寓钱瘗葬，上下五千年中，中华民族的葬俗和性质，乃一脉相承。

古良渚人已存在“班”璧分割的习俗，这与夏朝出现分割玉块的专用名词“班”不无关联。1978 年发掘的寺墩良渚文化 M3，有 21 件玉璧是破碎后随葬的。这 21 件玉璧被“班”成八块、六块、五块、四块、三块、二块不等。这类“班”璧分割，或许与原始支付有关。俗话说“宁为玉碎，不为瓦全”。破碎后的玉块，因材质高贵，仍存在收藏价值。这种分割现象，在国内外的货币流通环节中都有发生。东汉五铢钱被一凿为二使用，内心称“剪边五铢”，外围称“嵌

图 29　东汉墓葬发现的陶麟趾金冥币，刻有汉隶文字：“直铢萬”和“薛公·金一斤·直铢萬”“薛妈· 金一斤·直铢萬”

环五铢”；南宋金银货币因价值太大，流通时常被剪成小片或截成小块使用。这类原始分割法，是古代在货币流通环节中支付手段的“返祖”现象。

虽说良渚文化社会的经济形态，尚待深入研究，但我们借鉴商周至春秋战国时期的文献记载，以及民族志的相关资料，或许可从中获得启示。《尚书·盘庚》记载，殷商官员敛财“兹予有乱政同位，具乃贝玉”；西周早期亢鼎铭文，直接记录了买卖交换一颗价值约 90 贝币的大型珠玉的事情；鲁桓公元年（公元前 711 年），郑国有过一次用璧交换鲁国许地的买卖；战国时期赵国的和氏璧，因其质料名贵且来历极不平凡而可换取 15 座城池；还有，桓公使八使者拿璧慰问民众，“以给盐菜之用”。上述事件，带有偶然性，玉璧或石璧在发挥媒介作用时“转瞬即逝”。因此，它们执行原始流通手段的职能是初级的、十分有限的。

二、考察古代海洋文化与中国内陆的交流

1976 年发现了殷商妇好墓中有南洋、中国台湾海域的海贝和海螺（图 30），在陕西周原有西周虎斑宝贝（图 31），在太平洋罗林群岛的雅浦岛上，还有被当地居民称为“分”的石壁币（图 32—35）。这些考古资料和太平洋岛屿上的民族志，或能为我们今天解读约五千年前良渚地区的原始经济形态，及其对夏商周海洋文化的影响，提供不可多得的参考资料。

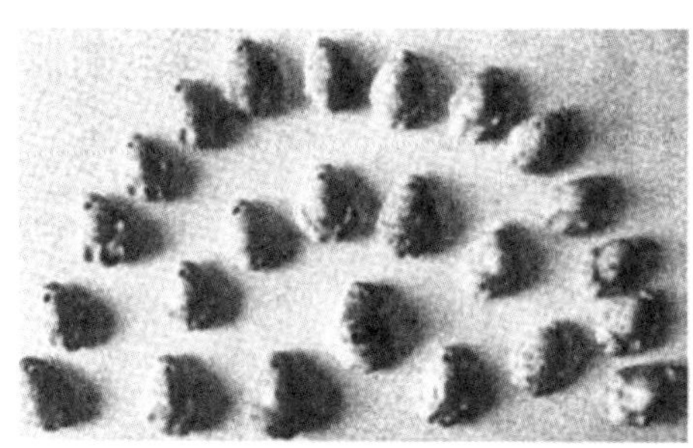

图 30 海贝和海螺

图 31 西周虎斑宝贝

图 32—35 太平洋罗林群岛的雅浦岛石壁币

附录一

一枚“信俗钱”证明海峡两岸同属一个中国

2024年4月9日，杭州市非遗中心在浙江省文化广电旅游厅举办的一次“非遗项目传承与保护工作座谈会”上，杭州南宋钱币博物馆公布了一枚馆藏的“康熙局名”信俗钱（图1），证明海峡两岸同属一个中国。

图1 “康熙局名”信俗钱

图2 杭州职业技术学院非遗基地“传拓学堂”青年学员许淑雯为“康熙局名”信俗钱手拓的拓本。

据史料记载，清康熙二十七年（1688年）以后，分布在中国各地的铸钱局有24个。铸钱局制造的每一枚钱币，均取铸钱局名称中的一个字，采用汉文和满文两种文字镌刻于钱币背面。后来，取其中的20个局名组合成一首五绝“局名诗”，以示太平盛世。诗曰：“同福临东江，宣原苏蓟昌；南河宁广浙，台桂陕云漳。”它们分别代表山西大同府局、福建省局、山东临清府局、山东省局、江苏江宁府局、直隶（河北）宣府局、山西太原局、江苏苏州府局、直隶（河北）蓟州局、江西省局、湖南省局、河南省局、甘肃宁夏府局、广东省局、浙江省局、福建台湾府局、广西省局、陕西省局、云南省局、福建漳州府局。后来，这首诗被环绕铸在了信俗钱的正背两面。

纵观康熙年后历朝流通钱币，清康熙二十二年（1683年）至光绪二十一年（1895年）台湾一直在中国政府的管辖之下。《制泉通考》收录有雍正通宝、乾隆通宝背满文“宝台”字样的钱币拓本；中国钱币收藏家藏有咸丰通宝、道光通宝背汉、满文“宝台”或“台”文字的钱币实物；民国出版的《古钱大辞典》还收录有同治通宝、光绪通宝汉、满文“台”字钱币拓片。

其实，自古以来，海峡两岸就有着血浓于水的深厚骨肉之情。隋以前，在中国地图中，台湾称夷洲。三国东吴黄龙二年（230年），大陆有数万人迁居台湾。明清以来，中国军民守护台湾、抗击外国入侵的事迹更是可歌可泣，也留下了许多珍贵的实物史料。

1662年，郑成功击溃盘踞台湾38年的荷兰殖民者，于顺治八年（1651年）、康熙五年（1666年）、康熙十三年（1674年）等年份多次按中国南明桂王永历年号铸造永历通宝钱。

图 3 康熙通宝钱

康熙二十二年（1683 年）清政府统一台湾后，次年设台湾府隶福建省。康熙二十七年（1688 年），福建巡抚张仲举奏请设台湾铸钱局，经中央政府批准后，在台设炉开铸背“台”康熙通宝钱，有的还在大陆流通使用。1984 年杭州市中河治理工程，在新宫桥段工地出土两枚不同材质、不同直径、不同版别的康熙通宝钱，背刻有汉文和满文两种、代表福建台湾府铸钱局的“臺”字（图 3）。

光绪二十年（1894 年），甲午之役中国惨败，于 1895 年 4 月 17 日签订《马关条约》，台湾和澎湖列岛被割让给日本。消息传来，中国人民极度愤慨，台湾人民更是义愤填膺，一时舆情沸腾、群情激动。守台将领刘永福等奋起抵抗日军入侵，当时为筹措军饷发行首张台南官银票，面值有拾大圆、伍大圆和壹大圆。银票发行日期一律依据中国政府清光绪年号纪时。台南官银票的发行，使台湾军民在内无积粮，外无援军的情况下，孤军作战坚持 6 个月之久。

附录二

西北大学王一成教授致函

燕治先生:

台鉴

寄来的信和书（笔者按:《良渚文化玉璧研究论文集》）收到，谢谢。

大作和书的全文我用一星期的时间拜读后，受益匪浅。论文都有一定深度，全面反映了对良渚文化玉璧的研究成果。这是一本具有很高学术价值的好书。

我完全同意您论文中“良渚文化玉璧是我国最早出现的实物币之一”的观点。从货币史的角度看，良渚玉璧作为圜钱的原始形态，应该是没有问题的。因为货币是从商品交换中演化出来的，是价值形态发展的结果。

在人类历史上，随着商品生产和商品交换方式的演变，商品价值的表现形态经历了简单的（或偶然的）价值形态、扩大的价值形态、一般的价值形态和货币形态几个阶段。在各个价值形态转变过程中又都存在着一个或长或短的过渡时期。

简单的价值形态和扩大的价值形态形成于物物交换时期，也就是在人类社会出现了第一次社会大分工——农业和畜牧业的分工时期，这种以物易物的商品交换方式所适用的范围逐渐扩大了。这就要求出现一种能独立地表现商品价值的商品，这种最早成为货币的商品，经济学上称它为自然物货币和商品货币，也就是拙文《论中国古代货币发展的历史阶段》中所说的物品货币。

随着社会生产力的进步，人类第二次社会大分工 ——手工业脱离农业以后，在真正的完全的商品生产出现以后，仿形货币逐渐取代原始自然物货币。在中国货币史上，这一时期的币形、币种、币质是多种多样、丰富多彩的。

进而随着商品生产水平的发展和商品交换规模的扩大，出现了人类第三次社会大分工，即出现了作为生产者之间的中介——商人集团或阶级，后，金属铸币正式登上了货币的舞台。此时奴隶、商品、货币都成了私人的财富，社会发生了氏族成员分化，出现了剥削阶级和被剥削阶级，原始社会解体，人类进入了奴隶制社会。

为了说明我的上述观点，现寄上拙著《陕西省古近代对外经济贸易研究》一本。其中第一篇第一章分为“氏族贸易”“方国贸易”“封国贸易”三节，是论述中国原始社会、奴隶社会、封建社会经济发展的；以及拙文《论中国古代货币发展的历史阶段》《马克思货币理论的创立》复印件，供您参与国家即将公布的“夏商周断代工程”时参考。此致敬礼！

新年将至，顺祝阖府节日愉快，万事如意。

王一成 1999 年 12 月 21 日晨

两宋财富崇拜和财神信俗研究

陈　阳
中国财税博物馆学术与宣传部副主任
浙江省文物鉴定委员会委员

摘要：唐宋之间中国社会发生了较大的转型：从贵族社会转向市民社会。宋代社会所体现出来的世俗化、人文化、平民化特征，以及商品经济的极大繁荣，都为在宋代催生出具有独立神格的财神形象奠定了基础。该研究分析了这些形象在两宋时期的情况，特别是2004年江西赣州慈云寺塔发现的五瘟使者图像，提供了赵公明从瘟神向财神转变，五瘟使者向五路财神转变的图像实物资料。

关键词：唐宋巨变；两宋；财神信仰

根据目前的研究，关于财神的起源，可以把源头追溯到汉魏时期具有赐财功能的天师道三天万福君。及至宋代，民间年画中有财神像，被称为“财马”。具有独立神格的财神形象，在当时的华南地区有五通神，在华北地区则有增福神。因此把财神起源的年代定为两宋时期，应当不误。本文则要具体讨论，为什么在两宋时期会形成具有独立神格和明确赐财功能的神，以及两宋时期这类神流布的情况。

一、两宋社会财富崇拜兴起的原因

唐宋之际，社会结构发生了深刻的变革。宋人已经认识到，唐末五代是一个“纲常之道绝”的时代。今日学者将这种变化概括为：从贵族社会向平民社会转变，以血缘身份为基础的门阀世族退出社会生活领域，以前作为区分社会等级贵贱的士、农、工、商的“四民”界限逐渐转变为分工导致的职业差异。“四民”的划分标准逐渐松动，宋代允许工商之子科举入仕，士人也有兼为商者，耕读结合更是普遍的情况。宋代社会体现出平民化、世俗化和人文化的强烈倾向。

北宋统一了中国，结束了五代十国长期分裂混乱的局面，中央集权的加强为经济发展创造了有利条件。为了巩固统治基础，宋朝统治者采取了相对宽松的经济政策，统治者通过强大的中枢，尊崇重农思想，招集流亡，鼓励农垦，充分发挥“地利”种植稻粮桑麻。统治者允许百姓开辟土地，并且下令州县不许查田收税，而是以原有的租佃数字为标准收税，革除无名苛刻的征敛；遇到水旱灾害，依据条例减免徭役。在生产工具方面，也有些改进，如推广人力踏犁，并在黄河、淮河、江南等地区兴修水利工程。

在农业发展的同时，手工业和工商业也迅速地恢复发展。矿冶业、纺织业、瓷器、漆器制造业，金属加工制造业，以及制茶、煮盐等技术都超过前代，官营手工业和民营手工业生产量激增，官、私营的手工作坊和工场，都拥有大量的工人。此外，雕版印刷使用范围的扩大，活字版印刷的发明，以前所未有的方式和速度推动着文化的交流和传播。

宋代商业发展达到了封建社会商业的发达形态。宋代建国不久，统治者为恢复经济，对商业实施了一系列扶植政策。宋人认为，行者为商，坐者为贾，凡开店铺及贩卖者都是商人。然而，宋代参与商业的远远不止城市中的行商坐贾，许多官员、宗室、士人、僧尼、地主、农民纷纷加入经商的行列，出现了许多亦官亦商、亦工亦商、亦士亦商、亦僧亦商、亦农亦商的兼职商人。宋代商人的来源和构成比较复杂，按经营商品的种类，可分为盐商、粮商、米商、绵帛商、珠宝商等；按照经营货物的途径和贸易范围，可分为海商、陆商等。按经营规模的大小和资金的多少，可分为大商人、中等商人和小商贩。

宋代商业繁荣发展的一个有力例证是商税收入成为国家财政收入的重要组成部分。如宋太宗时，一年的商税总额达四百万贯，宋仁宗时增加到二千二百万贯，此后一直保持在每年一千万贯上下。此外，宋代民间商业行会得到了空前发展，对外贸易包括海外贸易逐步兴盛，纸币也在此期间出现，并且货币流通量逐年扩大。商业都市不断涌现，出现了很多国际性的商业大都市，如北宋首都汴梁，既是政治中心，也是经济中心，户数达 26 万余户。北宋城市大发展，10 万户以上的城市由宋神宗年间的 40 多个发展到宋徽宗时期的 50 多个。南宋城市更加壮大，据吴自牧《梦粱录》记载，京城临安在度宗时户数达 39 万，人烟稠密，城乡内外数十万户、百十万口。南宋临安城有人口 120 万以上，是当时最大的国际商都。《马可·波罗游记》中记载，“这座城的庄严和秀丽，为世界其他城市之冠，确是世所罕见。”杭州城内各街道有无数的铺子，还有十个方形的大市场，每星期有三日为“市集之日”，“有四五万人”带着各种物品来此贸易。

在城市中，集中居住着皇亲贵戚、官僚大地主等社会上层人士，也有由来自各行各业的作坊主、工场主、手工业工人、商人、店员、小贩、游民等组成的庞大的市民阶层，以及衙署中的奴仆、隶、厮养卒、走卒和破产流入城市的农民。南宋城市里，更增添了从黄河流域沦陷区南迁的流民。

在城市生活中，商品经济的发展，极大地冲击了原有的道德观念和价值体系。人们的思想观念发生了很大的变化，整个社会弥漫着对财富的狂热追求，宋代以前讲究门第等级的观念日益淡薄，商人的地位大大提高。当商业发展到一定程度，商人变得富有，且成为一个相对稳定的群体之后，对自己的精神生活便有了群体性的诉求，这也是推动两宋时期财神信仰兴起的一个重要而直接的原因。

二、宋代财神信仰兴起与佛教的关系

唐宋之际的社会巨变，使得维系贵族社会的伦理价值体系随之逐步瓦解，社会转型带来新的社会伦理和价值规范的生成。儒、释、道三教也适应形势发展需要，从不同角度对教理、教义做出新的阐释，力求在社会伦理道德价值体系的重建中抢得话语权。

宋王朝采取了宽容的宗教政策。统治者认为儒、释、道三教各有用途，“三教一也，但门户不同”，主张“以佛修心，以道养生，以儒治世”，奉行儒、释、道三教同治理论。因而，宋代优礼儒士，佛道流行。三教信奉的各神普遍受到尊奉，民众不光尊崇旧有之神，又引进、加封许多新神。民间百姓为了自己的实用目的，也是供奉万神全尊，让儒、释、道、天、地、人等古今中外诸神共处一室，齐为主家佑福驱灾。

与前代相比，宋代的民间信仰最突出的特点在于崇拜对象的多元化。宋代商业繁荣，商品经济发达，商人在社会生活中日益起到重要作用，各行各业的商人在商业活动中形成了一些共同遵守的职业道德，诚实诚信、仁中求富、求财取义逐渐成为商业活动的核心伦理价值。南宋首次出现“财马”。吴自牧的《梦粱录》载：“岁旦在迩，席铺百货，画门神桃符、迎春牌儿，纸马铺印钟馗、财马、回头马等，馈与主顾。”财马又称“甲马”，仅是一种迷信用品，用于祭祀，有的是在纸上画马，有的是在纸上画财神画像，虽然并没有具体指某一位财神，但可见当时祈财习俗已在民间普及。宋廷大肆封神，民间大盛祈财，纸马等一类财神的出现整合了新的生活方式与民间信仰。

北宋以来，随着民间社会与道教对财神的重视，本不轻言“神灵”“财富”的汉地佛教，也努力建构自己的财神文化系统，致力于将道教及民间的财神佛教化。以“庄严国土，利乐有情”的名义，利用财神来为佛教服务，这不仅是寺院经济发展的需要，也是佛教宣扬宗教、与道教争衡的需要，人们在敬拜带有佛教色彩的财神时，往往更加亲近佛教、护持佛教。佛教的香火由此越加旺盛，其社会责任与义务也在雄厚的经济基础上得以履行，在一定程度上有利于佛教的发展繁荣。佛教实践“财神”文化，虽然与佛教原始的宗教伦理相矛盾，但这适应了中国社会和佛教发展的需要，是佛教进一步世俗化、民间化、大众化，也是中国化的需要。

回顾财神发展的历史，正财神中的“关公”“赵公明”，偏财神中的“五通神”，以及民间流传的“善财童子”“白无常”“和合二仙”等财神，均与佛教相关，佛教庶几形成了自己特别的财神系列；不少财神庙建于佛教庙宇之旁，甚至将财神立于寺庙的殿堂之内；另外在民间社会，“财神”又被普遍称为 “财神菩萨”，也在一定意义上表明它与佛教有一定的关系。佛教本不轻言“神灵”“财富”，却与财神密切关联，这无疑是一个颇有趣味的文化现象。这些观念的萌发和发展与两宋社会有密不可分的关系，佛教与财神的关系正是从北宋财神信仰兴起以来日渐密切。

三、两宋财神信仰的状况

（一）增福神

现今可见最早记载增福财神信仰的文献是至治三年（1323 年）杨熙撰《重修曾福相公行宫碑记》。清代《昌乐县续志》卷十七中收录了这一碑记。碑记中记载，增福相公被加封于后唐天成元年（926 年），而且明确说他是“福禄之神”。“福”指多财，“禄”即俸禄，即官吏的薪给，也就是钱财。所以，增福相公就是增财、赐财之神。碑文还提到，在距山东昌乐县一千多里的河北曲周县，北宋早期咸平年间，该地的增福庙就重修过了。这些记载从一个侧面证实了，五代开始信仰增福财神，二北宋早期山东、河北等地民众也已经信奉增福财神。

碑文记载还明确了增福神为淄川人，“仕魏文朝，出宰曲梁”，但没有提及他的姓名，如果对照此人事迹，会发现其和明代王一鹗《增福李公祠记略》中的李公、《搜神记》中的增福相公李诡祖是一致的。此处“魏文”是北魏文帝，而非曹魏文帝。增福神的主要功德是为当地除妖狐、洪水之患，民众感其恩德而敬致祭享。碑文又称其在后唐天成二年（927 年）再封“增灵德侯”，元天历二年（1329 年）被加封为“福善平施公”。封号中的“福善”强调对善人的福报，“平施”有平均、施与的意思，与民众对财神平均财富的期待相吻合。中国古代平均财富的思想源远流长，孔子说“不患寡而患不均”，道教《太上三洞神咒》卷九《雷霆祈祷诸咒》之“化财咒”曰“天有钱星，地有钱灵，阴阳造化，陶铸均平”，也是祈祷天下钱财平均。“福善平施公”的名号，既有福佑善人的意思，也暗含平均财富、施与钱财之义，与增福神的基本神格匹配。

增福神主司财富的职能，在元代杂剧中就充分表现出来。元代郑廷玉杂剧《看钱奴买冤家债主》第一折，描写穷汉贾仁到灵派侯庙祈求神灵赐给他富贵，并发愿富足之后一定做善人，灵派侯认为这事该增福神掌管，唤来增福神处理。刘唐卿《降桑葚蔡顺奉母》中写到的增福神，神格特征与郑廷玉的描写相近。刘君锡《庞居士误放来生债》第一折描写庞居士同情负债人，烧掉别人借钱的契券，因此感应了主掌财富的增福神。这位增福神名叫曾信实，来到庞居士家探问庞居士为何烧掉契券。庞居士说自己不稀罕钱财，恨不得把自己的家产全部给穷人。他们在对话中说到了除夕拜财神的情形。另外，还有无名氏在《施仁义刘弘嫁婢》中塑造了一个名叫李逊（字克让）的增福神。

从四部元代杂剧中可以看到元代增福神的特点，可能对我们倒推理解北宋初期开始的民间增福神信仰有一定帮助。这些特点包括：第一，直到元代，虽然增福神信仰很流行，但是增福神的名字、籍贯、事迹都尚未固定下来；第二，四部杂剧都写到增福神听命于天帝的情形，玉帝是增福神的最高主宰，而其中两部杂剧说到增福神是东岳属神，主掌人间生死寿夭的职能；第三，增福神的神格很广，主管地狱各司、生死轮回、寿夭子嗣，也主管科举爵禄、贵贱高下、钱财多寡，他主财的职能十分明显，且贯穿元初、元末杂剧之中；第四，元杂剧中对除夕祭财神、祈祷发财习俗的描写是目前所见中国古代最早的对除夕祭财神习俗的记录。除夕祈财的习俗，至今仍在一些地方存在。

明清时期增福财神信仰已流传到华北各省，多地志书都曾记载过增福财神庙会。清代以后，随着五显、赵公明、关公、比干等财神的兴起，增福财神逐渐被取代，只是信仰并未消失。这些情况我们将另文讨论。

（二）赵公明

赵公明最早以鬼怪形象出现于晋代干宝《搜神记》，元代初具司财职能，明代《封神演义》明确封其为神，统帅四位财神，正式坐上大财神宝座。流传至今的赵公明神像服饰等多具宋代特征，比如赵公明的帽子如宋代幞头，鞋子也是宋代样式。由此可知其神像以宋代的人物为基本原型，经后代改饰流传。

两宋是赵公明神格和形象演变的重要时期。

《三教搜神大全》载：“有五力士现于凌空三五丈余，于身披五色袍，各执一物。一人执勺子并罐子，一人执皮带并剑，一人执扇，一人执锤，一人执火壶……此是五方力士，在天上为五鬼，在地为五瘟，名曰五瘟。春瘟张元伯、夏瘟刘元达、秋瘟赵公明、冬瘟钟仕贵，总管中瘟史文业。”

赵公明是民间神仙，民间文化规范只有得到政治支持才能够发展与稳定。所以被民间信仰的赵公明只有依附于在朝廷影响甚大的赵玄朗身上才能够建立根基，而赵玄朗只有与在民间被广泛信仰的赵公明产生千丝万缕的联系，才能够为大众所认可。

我国早期财神（五通神、五盗将军）对财富的阐释被神秘化观念包裹，呈现出混乱的价值观、伦理观，乃至人们以偷盗、劫掠、丧失贞节作为获取钱财的手段。宋元赵公明信仰开始强调“公平买卖”“求财利，宜和合”“但有至公至正之事，可以对神言者，祷之无不如意。若以匪枉不正之事祷之，神必加谴”。

2004 年，赣州在维修宋代慈云寺塔时，在塔身第四层内壁暗龛中发现一批文物。据考古现场信息判断，该批文物应为北宋天圣二年（1024 年）慈云寺塔建塔时被埋藏入塔身的。

经赣州市博物馆清理，共计书画经卷 16 件、木雕造像 13 件、泥塑造像 6 件、青白釉瓷观音像 1 件、铜佛像 1 件，共计 37 件整件，以及残破经文、纸绢彩画、各种零散构件 400 余件（片）。其中一件有明确纪年的北宋大中祥符六年（1013 年）纸本设色经变画《瘟使供养图》，供养的正是大名鼎鼎的五瘟使者，也叫五方使者，见图 1。

图 1 纸本设色经变画《瘟使供养图》

《瘟使供养图》，长 62.7 厘米，宽 34 厘米，描绘“五方使者”礼拜“灵岩大圣”。画作上下留白，纸本，上诗堂款：“具下降日：正月六日、九日，二月五日、八日，三月三日、六日，四月廿五日、廿八日，五月廿四日、廿七日，六月廿三日、廿六日，七月廿三日、廿七日，八月廿七日、三十日，九月十七日、二十日，十月十三日、十六日，十一月十二日、十五日，十二月十一日、十四日。右件使者下降之日，不得炼油，煮炙鱼肉，只宜烧香供养庆赞。讫。谨题。”

下诗堂款：“按《灵严大圣赞》云：昔有商人胡弘，家有九十余口染患瘟疾，写大圣真容供养，患人尽皆而起。缘于越中人民，悉皆敢仰，后传于世，供养不绝。兼述大圣□帛先生经云：每月天符七十二行，瘟使下降之日，香茶供养，愿免瘟黄灾瘴，乞保平安。大中祥符六年三月二十九日庚申，信受弟子徐熙及妻黄三娘家□收赎在家供养。”

题签散佚，仅存一个“苏”字，右侧五位使者，分别题为“北方使者”“西方使者”“中□使者”“东方使者”“南方使者”。

根据《瘟使供养图》的题记可知，图像描绘了一个叫胡弘的商人，家族90余口人染患瘟疫，因供养灵岩大圣痊愈，所以此信仰传之后世。图像中，“五方使者”着青、红、白、黄、黑五色袍，似乎反映了五方的文化概念。五方使者在这里都是人形，也都拱手礼敬灵岩大圣。

在五瘟使者的脚下，有四个罐状物，外加一个盒子，分别对应五个使者的物件，地上的函盒内就是使者所持的信符。信使传驿，为防止书信损坏，书信外面都加盒子包装。信函是体现使者身份的物件，头上的帽巾装束则是使者的特有装扮。

图2 《道子墨宝》中的“都督赵元帅”

北宋慈云寺塔出土的《五瘟使者》的交脚幞头外加红抹额的打扮，就是使者的标准打扮。作为其中的使者之一，赵公明后世的形象保留了这种最具标志性的特点：幞头外加红抹额。南宋画作《道子墨宝》中的“都督赵元帅” 就清楚地描摹了其形象（图2）。赵公明头戴交脚幞头、着甲罩袍、长须髯，只是手中所持器物发生变化，右手持铁鞭、左手牵铁索。

1382年至1444年之间成书的《道法会元》，记载了赵公明的外貌、法器和坐骑：“次焚追鬼符一道，按日使一朱一墨，召追鬼将赵公明将军至。如符使状，红抹额。须臾追至，押入狱，自桥而度，便下锁诀，闭门。”赵公明头戴抹额的使者形象没有改变，和两宋如出一辙。

（三）五显灵官华光菩萨

五显和五通的名号、关系演变向来众说纷纭。综合目前所见各项研究，我们认为，婺源五神（五显信仰）是纳入国家祀典的正神，经两宋、元明累次官封，先后有“五通”“五显”“五圣”等爵位封号。五显信仰最开始即有正邪之分，其中邪神“五通”自北宋至明朝一直被官方禁止传播。经过长期的历史发展，正神“五显”与邪神“五通”逐渐混淆，至清朝完全融合，被视为邪神，遭到禁毁。

五显神与华光菩萨，一个出于民间信仰，一个出于佛教信仰，原本不是一个系统。但五通神与佛教本身有着特殊的关系。唐代施肩吾在《句》中云：“五通本是佛家奴，身著青衣一足无。”五通神之名也与佛教的“五通”（一神境智通、二天眼智通、三天耳智通、四他心智通、五宿命智通）能力相关。自宋代以来，道教将五通神改造为匹配自己文化系统的“五显神”，其财神功能日渐显著，在民间社会影响不小。在此背景之下，佛教一方面压制、打击五通信仰，另一方面也努力将五通（五显）信仰佛教化，创造出了“五显华光大帝”（“五显灵官大帝”）。这个五显华光大帝基本上是佛教神灵，使道教“五显”的内涵与性格丧失殆尽。在南宋洪迈笔记小说集《夷坚志》中，有十数则五通神的故事，这些故事表明五通神对佛教的趋附。

到了南宋末年，鲁应龙《闲窗括异志》记载："五显灵官大帝，佛书所谓华光如来，显迹婺源久矣，岁岁朝献不绝。淳中乡人病于涉远，乃塑其像，迎奉于德藏寺之东庑，建楼阁居之。祠之前素有井，人无汲者，自立祠后，人有汲其水饮之者，病辄愈。由是汲者、祷者日无虚焉。寺僧利其资，每汲一水则必令请者祷于神，得茭杯，吉，然后汲水，并以小黄旗加之上。自是请者日少，今亦不复验矣。"

又据宋元之际的刘辰翁《须溪集》卷一《五显华光楼记》载，临江军清江樟树镇有一高大的五显华光楼，依傍佛寺而建，宋元之交毁于兵火，随后又由寺僧师茂到四处募缘，重起楼阁。

这些记载说明，两宋时，尤其是南宋，江南地区，特别是杭州，五显崇拜盛行，并且五显神与佛教里的华光菩萨结合，被信众修建楼阁单独安置祭祀。这也是《咸淳临安志》《淳熙三山志》等宋代方志，屡屡提及江南地区多处华光庙或华光殿的原因。

综上所述，至迟从南宋后期以来，佛教在财神日渐道教化的背景之下，也或明或暗地对各类财神施以自身的影响，尽可能地将财神佛教化，构建佛教系统的财神，因此，明清以来中国社会中的诸多财神都染上了佛教的色彩。

财神信仰的精髓与当代意义

蒋水荣
浙江省民俗文化促进会副会长

摘要：财神信仰是在中国文化中儒道佛“三教合一”背景下出现的信仰形式，官方和民间共同参与了财神形象的构建，其精髓就是“以德聚财、以财济世”。它随着时代和环境变迁不断演变，在科学技术相当发达的当代，依然流行财神信仰，在当代社会需要我们因势利导，发掘其背后的积极意义，让人们树立正确的财富观。

关键词：财神信仰；儒道佛；财富观；精髓；当代意义

在中国民间诸神谱系中，财神是比较晚才出现的，虽然财神中的不少神灵很早就已经有了，但其拥有财神身份已经在宋代及以后了。这与中国古代主流宗教、哲学对钱财都持批判态度有关。尽管先贤孔子对财富并不排斥，有“有财为美，藏富于民”之说，强调“君子爱财，取之有道”“以义为先”“为富且仁”。但财富只是实现理想的手段，不是目的。自从汉朝独尊儒术以来，再加上华夏文明的农耕传统，中国人始终有着重农抑商的文化性格和价值取向。后世的文人更是将钱财的负面影响放大，对钱财逐渐持批判态度。例如中国西晋文学家鲁褒著《钱神论》，批判金钱对君子道德和社会公平的侵蚀；西汉辞赋家扬雄有《逐贫赋》，体现守贫乐道的美好志趣；韩愈有《送穷文》，看似“送穷”，实则志在“留穷”，表达了清贫可养君子之德的思想。

但毕竟不是每个人都有圣人、君子的理想的，尤其是对普通百姓而言，求财保平安更为现实，随着贸易经济的繁荣，百姓对诚实守信、公平交易、追求财富的现实需求也更加迫切，在法制、秩序还不那么健全的传统社会，兼具求财、裁判和教化功能的财神形象一出现，便受到老百姓欢迎。学界一般认为财神起源于宋代时期的“财马”，但没有文献记载过“财马”是什么形象。元代民间信奉的增福神，也没有具体名字。随着财神信仰的逐步发展，“财神”才开始有了具体的姓名和形象，且越到近代，财神越多，还不断有新的财神被创造出来。比如关公就是清代中期以后被奉作财神的，而且民间信仰的财神并不是一个人，而是一个群体，如文财神比干、范蠡，武财神赵公明、关公，这几位属于正财神，其他还有偏财神、准财神等分类，但这是学界分类，不是民间行为。老百姓信仰财神，但常不知道自己所拜的财神是哪一位。

中国财神信仰是在中国文化中儒道佛“三教合一”背景下出现的信仰形式，它兼容并蓄，融合了儒家思想、道教信仰、佛教信仰等的内涵，财神形象并不固定，但大都是能体现中华传统美德，体现忠、孝、信、义、仁、勇等品质的人物形象。财神信仰的内涵不断丰富，从单纯“求财”到祈求健康、平安、好运、幸福等多个方面，使其民间根基非常深厚。“财神”随着时代和环境变化不断演变，因地制宜、因时而变、不分教派，成为最具亲民性和适应性的神灵。

财神信仰非常庞杂，经过历史的演变和发展，财神逐渐被赋予了更多的象征意义和内涵。其中官方和民间共同参与了财神形象构建，并实现了价值观上的统一。主流的财神信仰，是讲诚信、忠、义、公平、公正的，其精髓可以用8个字来概括：“以德聚财，以财济世。”这体现了中华民族光明磊落的财富观和价值观。

财神信仰要在中国的大地上生根发芽，首先必须符合中国正统的儒家思想和价值观念，儒家强调追求财富需要有正当的途径和手段。在《论语·里仁》中，孔子说：“富与贵，是人之所欲也；不以其道得之，不处也。”意思是，财富是每个人都向往的，但以不正当手段得到的，君子不会享用它。财富如果来源不当，宁可不要。什么样的财富属于“取之有道”呢？孔子认为必须符合

"义"，在孔子看来，"义"是社会价值体系的基础，是人内在道德的根本需要。孔子在《论语·里仁》中强调 "君子喻于义，小人喻于利"，认为"礼以行义，义以生利，利以平民，政之大节也"，强调以义为先、见利思义，强调生财有道。"生财有大道。生之者众，食之者寡，为之者疾，用之者舒，则财恒足矣。仁者以财发身，不仁者以身发财。"在孔子的财富观中，如果"义"强调的是如何获取财富，那么"仁"强调的便是拥有财富后的态度与做法。子贡与孔子有一段对话，记载在《论语·学而》中。子贡问："贫而无谄，富而无骄，何如？"孔子回答："可也，未若贫而乐，富而好礼者也。"子贡提出的人生境界本已不低，但孔子认为还可更高，那就是虽然贫穷却仍能乐道，虽然富贵却仍懂得礼法。《礼记·曲礼》根据孔子的这段论述，进一步提出"富贵而知好礼，则不骄不淫；贫贱而知好礼，则志不慑"，认为致富后要做到"不骄不淫"，不能"为富不仁"，要用财富回报社会。

通常观点认为，财神最早是道教的神，比如文财神比干、范蠡，武财神关公赵公明等等。道家认为，社会上的财富乃是公有的。《太平经》说："此财物乃天地中和所有，以共养人也。"因而人人有权享用社会财物，不能容许少数人占有大量财物、多数人极端贫困的不合理现象存在。《太平经》认为，富人好比是碰巧钻进谷仓中的老鼠，我们不能因为老鼠待在谷仓里，就认定谷仓为老鼠所有。"此家但遇得其聚处，比若仓中之鼠，常独足食，此大仓之粟，本非独鼠有也。"它还进一步指出，"少内（指皇室仓库）之钱财，本非独以给一人也，其有不足者，悉当从其取也。愚人无知，以为终古独当有之，不知乃万户之委输，皆当得衣食于是也。"由于财富乃天下人所共有，因此，《太平经》对那些"积财亿万，不肯救穷周急，使人饥寒而死"的为富不仁者，予以严厉的批判。经中痛斥富人："不肯力以周穷救急，令使万家之绝，春无以种，秋无以收，其冤结悉仰呼天，天为之感，地为之动。不助君子周穷救急，为天地之间大不仁人。"针对普通人，道教主张"君子爱财，取之有道"。只要是以正当手段得来的财富，道家都是赞赏的。道家以重人贵生为特征，希望人人都能过上幸福美满的生活。因此，道家对人们追求财富的愿望，是予以肯定的。道家的财神，就是保佑大家发财致富的。道家特别强调不能取非义之财，道家的种种戒律对此都有明确的规定。如刘宋道士陆修静所撰《受持八戒斋文》中说："不得盗他物以自供给。"《玉清经·本起品》载元始天尊所说十戒中的第七戒规定："不得欺凌孤贫，夺人财物。"《妙林经二十七戒》中说："不得盗窃人物，不得妄取人财。"可见，道家力图以因果报应说来劝诫世人："非我所有，虽一毫而莫取。"《初真十戒》的第七戒说："不得贪求无厌，积财不散，当行节俭，惠恤贫穷。"针对修道之人，道家主张不积累任何财富。《道德经》说："圣人无积，既以为人己愈有，既以与人己愈多。"道家认为，修道之人应该遵从"圣人无积"的教导，对世俗的财富不要有任何贪求。《老子想尔注》说，修道之士"于俗间都无所欲"，"不劳精思求财以养身……衣弊履穿，不与俗争"。《丹阳真人语录》说："饥则餐一钵粥，睡来铺一束草，褴褴缕缕，以度朝夕，正是道人活计。”总之，修道之士，出尘离俗，安贫乐道，于世间无欲无求，当然更不会为财富而累身。

在一般人的印象中，佛教讲四大皆空，似乎跟财神不沾边，但事实并非如此，我们常说的“五路财神”，可追溯至印度佛教中的五通神，其随佛教传入中国。佛教的财富观，用通俗的话概括就是“清白来，合理用，不贪恋”。对财富的态度是“取之有道，用之亦有道”，它并不反对财富本身，它反对的是靠不正当手段获得财富，不正确地使用财富和执着于财富而伤害自己这三种误区，对于干净的、用于慈善布施的财富是欢迎的，佛教中甚至还有很多教人求取财富的财神法。佛教对财富的看法是一分为二的，既有毒蛇之喻也有净财之说。佛经里有这样一个故事：某日，佛陀率弟子阿难外出乞食，看见路边有一布袋黄金，佛陀立刻对阿难说：“看，毒蛇。”阿难也应声答道：“果然是毒蛇。”这对话恰巧被附近一对农民父子听到，他们便好奇地前来观看。一看不由得欣喜若狂，他们赶紧将黄金带回了家中，以为这天大的幸运将改变他们的贫困生活。当父子俩带着金子去市场兑换时，却被人告到了官府。原来，他们捡到的金子是窃贼从宫中盗出，在逃跑时弃于路旁的。他俩被人赃俱获，有口难辩。这对乐极生悲的父子在临刑时才领悟到“毒蛇”的真正含义。财富取之有道，用之亦有道。财富之所以成为毒蛇，首先是因为他是来路不正，用非法和不正当的手段获取的财富；其次是人们不能正确地使用和支配财富，奢侈浪费；再次是人们执着于财富而给自己带来无谓的伤害。佛经中也把财富当作净财。所谓净财，就是清净的财富。净财不但是维持生计的必要条件，同时还能造富社会，造富人类。净财也就是与上述“毒蛇”例子相反的做法，即财富来源正当，人们通过自己的勤劳、智慧获得财富；合理使用财富，奉行简朴的生活原则；不贪恋财富，认清财富的实质，就不会被它所伤害。强调要信因果，种福田。收获是由播种而来，我们想要在人生中拥有福报，就要在深信因果的前提下广种福田。福田包括恩田、敬田和悲田。恩田：对父母师长乃至一切有恩于己的人，都怀着感恩的心去报答。敬田：恭敬那些献身于人类心灵净化的传教士及有德有智的圣贤。悲田：救济、帮助世间所有穷苦受难及贫病交加的人。

受到儒道佛三教的影响，财神形象几乎都拥有上述这些人设、特质，如比干的公正无私，关公的忠勇信义，范蠡对待财富三聚三散的态度等等。即使原本离这个形象比较远的财神，也在演进中不断地被加进这些内涵、特质，比如民间以“求财”为目的供奉的五通神，江南地区的《五路财神宝卷》称有一位孝子，与其四个结义兄弟一起做生意，赚的钱家里堆不下，于是五人决定要做赔本买卖，将钱财散给天下人，但越是想赔本，越是歪打正着地赚更多的钱。他们能赚钱，又愿散财给百姓，就成了广受喜爱的“五路财神”。这明显是将“以德聚财、以财济世”的观念加进“五路财神”的信仰中加以演绎，告诉人们为富要仁，要懂得散财，越散越有钱。

不过，财神信仰在近现代遭遇过曲折。辛亥革命以后，政府弃农历而用西历，劝解民众放弃农历新年，放弃财神信仰，乃至放弃烧香祭祖拜神，可在民间，财神信仰仍然流行。直到改革开放以后，全社会提倡以经济建设为中心，人们终于可以名正言顺地创业开公司，做生意赚大钱，财神信仰也随之回归。

那么在科学技术相当发达的当代，财神信仰依然流行，这种信仰到底还有什么积极意义呢？我认为主要体现在五个方面。

一、有助于树立正确的财富观。

"君子爱财，取之有道"，中国人的财富观中讲究生财之道、聚财之道，通财之道、散财之道。取得好运、财富要走正道，有了财富要分享、施舍，帮助他人、回馈社会，只有知敬畏、懂感恩才能真正得到幸福喜悦。最近，娃哈哈董事长宗庆后去世，国人集体缅怀，不是因为他三次入选首富，而是敬佩他"以德聚财、以财济世"的儒商品德，网上由此还引发了针对其他富人的舆情，表面上看是讨论爱国主义的主题，其实背后深层的原因是财富观的分歧。

财神信仰的传承和普及，让现代年轻人有了一种对传统文化和价值观的体验和认同。财神信仰符合当下社会价值观念，在现代社会中，经济实力和物质财富的积累被认为是实现个人价值和成功的重要标志之一。财神形象所代表的财富、成功和地位，符合当下年轻人的追求和期望，也符合当前社会的价值观念和评价标准。财神作为一种具有象征意义的符号，不仅仅代表物质财富，而且是一种代表着文化认同和价值认同的观念。对于一些年轻人来说，他们选择信仰财神更看重的是其背后所代表的文化和价值观，而不仅仅是其能够带来物质利益的功能。随着互联网的普及和发展，财神文化也借助互联网平台得到了更广泛的传播和推广。一些互联网平台和文化社区，通过推出与财神相关的游戏、动漫、文学等作品，吸引了大量年轻人的关注和参与，进一步加深了他们对财神文化的认同和信仰。

二、保护非物质文化遗产

财神信仰蕴含了丰富的非物质文化，是中华优秀传统文化的重要组成部分，包括财神的思想、道德、精神，以及崇拜财神的社会心理，还包括与财神崇拜有关的祭祀仪式、民俗、神话、传说、戏剧、楹联、工艺美术等。财神信仰承载的丰富的文化内涵是一个整体，完整地对其加以保护，是保护文化多样性和增强民族认同感的需要，是对人类创造力的尊重。

三、道德约束和教化作用

中国民间信仰的财神，除了有降财赐福的神通之外，大多渗透着惩恶扬善的思想，这些财神在世的时候，是对国家、人民有贡献并且有道德的人，其过世之后被人们尊称为"神"，并且被立庙祭祀、纪念功德。财神信仰教导人不忘本、知恩报恩、饮水思源、心善、行善、言善。比如文财神范蠡，为什么人们要把他作为财神来供奉？并不是说你在他面前放一百元，他就保佑你赚一百万，这是迷信的做法。范蠡本是越王勾践手下的名士、谋士，曾协助勾践打败吴国，收复失地。但是在庆功的时候，他发现勾践可以共患难，不可以同富贵，所以就偷偷地离开了越国，来到了当时的齐国之地，隐姓埋名，开始做生意。结果他很快就赚了一大笔钱，但是他没有用这些钱过骄奢淫逸的生活，反而把钱都拿出去救济那些有需要的亲戚、邻居等。散尽家财后他再次从小本生意做起，又赚了一笔钱，便又把钱散了出去。如此往复，做了三次，所以历史上有“三聚财、三散财”的说法。后人认为他很会做生意，所以供他为“财神”。看到财神范蠡，人们就会想起范蠡的功迹，学到要想赚钱就要舍得的道理。这是一种高度艺术化的教学方式，让人看到这个“像”，就要想到他在世的功德以及身上所代表的品质。财神信仰还具有道德约束作用，做人、做生意都要讲诚信，如果缺乏诚信，如那些捞偏门的、缺斤少两的、欺诈顾客的，不但赚不了钱，而且还要遭到财神爷的惩罚。

四、文化认同和对外宣传

正因财神信仰蕴含多重文化内涵，很多华人漂洋过海去海外谋生时，也将中华财神信仰带了过去，虽然财神的具体形象从关公、赵公明、弥勒到乾隆（谐音“钱龙”）等不一而足，但至今仍蓬勃不衰，代表着海外华人对中华文化的认同，根之所系，生生不息。同时，财神信仰也是向世界展示中国文化的一个最直接的窗口，是中国价值最有代表性的载体，中国人讲究和气生财、共富共享，愿意与世界和平相处、共同发展，构建人类命运共同体。

五、凝聚人心、促进消费

财神信仰通常伴随着民俗活动，财神节是一个家族、社区乃至整个社会共同庆祝的节日。通过庆祝活动，人们能够更加紧密地联系在一起，人心凝聚，社会凝聚力增强。迎财神庙会也是人员高度集聚的活动，往往是文艺演出、商贸活动的重要场所。借助财神信仰活动，政府及相关单位能开发出很多文旅项目，这在一定程度上促进了消费。

参考文献：

[1] 黄景春 . 上海接财神习俗的历史与现状研究 [J]. 济南：民俗研究 2010, 第 3 期，第 134—145 页 .

[2] 释印旭 , 张家成 . 中国财神文化 [M]. 北京 : 宗教文化出版社 ,2022. 第 9 期 .

[3] 余莉 . 如何正确理解中国古书中的“神” [J]. 武汉：阅读时代 2023, 第 2 期 .

[4] 陈忠海 . 孔子的财富观 [J]. 中国发展观察 2021, 第 24 期，第 102—104 页 .

如何推进财神信俗文化在新的历史条件下的传承与发展

许林田
浙江省非遗保护中心研究馆员
浙江省非遗专家
浙江省文化和旅游厅优秀专家
浙江省许林田非遗记录工程导师工作室领衔人

摘要：财神是贫贱与富贵的主宰，也是中国民间供奉的招财进宝之神。向往美满、幸福、富贵生活是人的正常心理诉求，本无可厚非，而这种追求的实现与个人占有财富的多少有关，于是，人们想通过虔诚地敬奉财神，得到财神保佑，满足其变得富贵的美好愿望。人们对财神的祈盼，尤其表现在祈财神的习俗和仪式上，这反映了民众的诉求与愿望。2008 年，“财神信俗”被杭州市人民政府列入杭州市级非物质文化遗产代表性项目名录。该研究就围绕财神信俗文化如何在新的历史条件下传承与发展展开阐述。

关键词：财神；信俗文化；传承与发展

世界文化遗产——西湖之畔，有座被誉为“天下第一财神庙”的灵顺寺，说起灵顺寺，相信大家都不会陌生，一年四季游人如织。每年春季，是杭州周边地区信众的“春香”季节，香火旺盛，各地香客成群结队，善男信女虔诚地来灵顺寺进香许愿，祈求财神爷保佑。农历正月初五，俗称“破五”，是财神的生日，来自全国各地的众多善男信女蜂拥而至，尤其是来自江浙沪一带的香客络绎不绝，在通往灵顺寺的山路上，远远望去，人山人海，像是游龙，人们寸步难行，都是为了迎财神、拜财神。2018 年的正月初五这一天，上山进香的人数近 9 万人次，其热闹场景，极为壮观。

财神，在世人的心目中，是贫贱与富贵的主宰，也是中国民间供奉的招财进宝之神。向往美满、幸福、富贵生活是人们的正常心理诉求，本就无可厚非，而这种追求的实现与个人占有财富的多少有关，于是，人们想通过虔诚地敬奉财神，得到财神保佑，满足其富贵的美好愿望。人们对财神的祈盼，尤其表现在祈财神的习俗和仪式上，这反映了民众的诉求与愿望。2008 年，“财神信俗”被杭州市政府列入杭州市级非遗代表性项目名录。

本文围绕财神信俗文化如何在新的历史条件下传承与发展谈些个人的想法。

一、挖掘“三教相融”的独特文化内涵是财神信俗文化传承发展的基础

灵顺寺地处北高峰，北高峰群山环绕，湖水镜涵，竹木云蓊，凤舞龙蟠，是杭州的最高峰。灵顺寺始建于东晋，历史悠久，是印度高僧慧理和尚所建的五灵之一，距今已有 1600 多年的历史，宋时，为奉祀五显神，寺内建华光殿，被宋徽宗赐名“灵顺寺庙”，因寺内供奉“五显财神”，俗称“财神庙”，又因寺内设殿别名“华光”，故老百姓又称之为“华光庙”。有着“天下第一财神庙”美誉之称的灵顺寺，其财神信俗文化较好地体现了唐宋以来，我国民间信仰中“三教合一、相通相融”的特色。中华人民共和国成立后，毛泽东曾三上北高峰，并题诗一首：“三上北高峰，杭州一望空。飞凤亭边树，桃花岭上风。热来寻扇子，冷去对佳人。一片飘飖下，欢迎有晚鹰。”朱德也于 1961 年登山并赋诗一首。这里是灵气、财气、运气集聚的地方，前来烧香拜财神的香客络绎不绝，香火一直都很旺盛。

财神信俗文化的内涵极为丰厚。一是体现了财神信俗文化的多元性，在中国民间信仰中，财神并非只是单指某一个体，而是一个群体，来源不同、地域不同的各种神灵的群体，灵顺寺所供的财神也充分反映了非物质文化遗产所强调的重要属性——文化多样性。二是灵顺寺融儒、释、道三教于一体的特色，与国内一般佛教寺院不同的是，历史上的灵顺寺，一直以“财神庙”的名号驰名中外，是一座集佛教、道教、儒家文化为一体的古刹，寺院内，除设有天王殿、佛殿外，还供奉弥勒菩萨、释迦牟尼像，以及财神真君赵公明、武财神关公、文财神范蠡、华光财神、藏传佛教五姓财神等，寺内还供奉民间流行的福禄寿三星神、招宝、纳珍、招财、利市等，所以得到了广大游客的青睐，成为杭州

一道独具特色的人文景观和旅游景点。三是财神信俗是中国民间习俗的重要组成部分，民间在庆祝中华民族最大的传统节日春节时，至今还保留着祭祀、迎财神的习俗，财神信俗有着广泛的民众基础，传统年画、门神画及传统庙会等传统文化，无不与财神有着千丝万缕的关联。四是财神信俗文化的地域差异。财神信俗文化，东西南北各地的差异较大，十里不同风，百里不同俗。

二、引导民众树立积极向上的财富观是财神信俗文化传承发展的重要内容

作为民间信仰的财神，在“赐财降福”之外，还渗透着民间除恶扬善的朴素理念。如比干的公正无私，关公的忠勇信义，范蠡的理财智慧和对待财富超凡脱俗的心态。“君子爱财，取之有道”。人们之所以奉关公为财神，是因为关羽“挂印封金”“一介不取”，不为金钱财富所动，与世间一些贪利忘义、利欲熏心之人形成鲜明对比，世人敬佩关公的忠信礼义，希望关公作为他们发财致富的守护神。民众之所以信奉文财神范蠡，是因为他不仅富可敌国，而且他“三散千金”的行为旷古未有，后世认为他是中华慈善事业的鼻祖，同时他又经营有道，遵循“逐什一之利”的赢利原则，尤其注重商业道德，成为后世经商之人的楷模，其理念与当下所倡导的敬业、诚信、友善的社会主义核心价值观相一致，蕴藏着深刻的人生哲理，对当下具有积极的教育意义和人生启迪作用。

今年春节假期，本人携家人赴安徽黄山歙县许村、棠樾、屯溪等地调研走访，在与当地村民的寻访中了解到，徽州在历史上出过许多文武百官和儒商，据统计，从宋代到清末，徽州考中进士的共有 2086 人，并产生了 28 位状元，占据中国历史上状元总数的 1/24，大多古村落中分布着大小不一的祠堂和牌坊。许村被誉为“徽州第一进士村”，历史上曾出过 48 位进士，有着“一状元，二解元，三代北大生，一村四院士，一门五博士”的辉煌历史。村中的每座祠堂和牌楼，千百年来都流传着神奇的民间传说与历史故事，承载着这个家族的兴衰与变迁，也承载着漂泊在外的族人对家乡的依恋与寄托。歙县许氏敦本堂三十八世孙许家泽，出生于盐商世家，家境富裕，他十分重视下一代的教育，他 6 个儿子中的 5 个儿子（其中三儿子在家留守家业）都获得了博士学位。他于 1927 年创办了许村仪耘小学，造福桑梓。他在徽州历史上创造了“四个第一”：一是有 5 个儿子留学海外，创一个家庭留学生数之最；二是 5 个儿子学成取得博士学位后全都回国报效祖国；三是 5 位博士在各自的领域都有出色骄人的业绩，分别为采矿、哲学、法学、医学、经济学博士，都是属于现在所说的“学科带头人”；四是首个设立以自己名字命名的教育基金奖，许家泽和他的后代把自己的祖居捐赠给当地政府，创办许村小学，又筹资 4 万多元，设立“许家泽教育基金奖”，作为许村小学的奖学金，奖励品学兼优的学生。这样的故事在村中代代相传、薪火相承，让人动容、让人思考，我想这是一个“文化基因库”，不是牌坊的“牌坊”，是一代又一代许村人取之不尽、用之不竭的“核

动力”。

众所周知，徽商在清代曾辉煌一时，代表性人物是富可敌国的“红顶商人”胡雪岩，就是现在百年老字号——胡庆余堂的创始人。徽商的历史也十分悠久，萌于东晋，成长于唐宋，盛于明清。清代中期，徽商已成为全国十大商帮之首，足迹遍天下，有着“无徽不成镇”之说。鼎盛时期，徽商占有全国总资产的 4/7，亦儒亦商，赢得了“徽骆驼”的美称。徽商的活动范围遍及全国城乡，东抵淮南，西达滇、黔、关、陇，北至幽燕、辽东，南到闽、粤，徽商的足迹还远至日本、暹罗、东南亚各国以及欧洲的葡萄牙等地。清朝后期，随着封建经济的瓦解，徽商渐渐走向衰亡。

徽商的兴起有着特殊的历史背景和自然条件。首先是自然环境的制约，徽州“东有大障山之固，西有浙岭之寒，南有江滩之险，北有黄山之扼”，介于万山丛中，山多地少，加之自魏晋以来中原战乱不迭，大量的人口涌入徽州，这样就出现了“地狭人稠，力耕所出，不足以供”的状况，于是出现“非经营四方而绝无活路”的状况。为了谋求生活，人们不得不翻山越岭，或顺新安江而下，去毗邻的经济相对发达的苏杭一带经商，至今黄山还流传一句民谚：“前世不修，生在徽州，十三四岁，往外一丢。”久而久之，出外经商成为古徽州人的传统习俗。明朝王世贞说：“徽俗十三在邑，十七在天下。”说的是每十个徽州人中，就有七个在外经商。

二是徽州本地域经济模式的内在要求。徽州的自然环境是“八山一水一分田”，山多，自然资源十分丰富，盛产茶叶、木材、中草药，土特产非常多。另外，与山区经济相关联的徽州手工业品也极为发达，如陶瓷、徽墨、歙砚、漆器等。他们只有把这些东西输出去，才能换回当地百姓生活所必需的粮食、菜、油、食盐等，才能达到互补，以满足人们的生活需要。

三是南宋王朝南迁定都临安的契机。徽州紧靠南宋王朝都城临安，徽商充分利用了这一有利时机做大生意，以致早在南宋初年，徽州就有“十万大公”“祝半州”等大商巨贾出现。同时，徽商还拥有以新安江为主要水路交通运输的纵横水系，极大地便利了徽商对外商品的运输。

历史上，大多数徽州人经商的目的，不仅仅是为了追求财富。大多数成功的徽商发家致富后，将读书致仕作为家庭累代经营的“不二法宝”，都会回馈家乡，兴办学校，让当地有更多的孩子能读上书，掌握更多的知识，改变未来的命运。在他们的世界观中，唯有知识才能改变命运，才能实现财富的最大社会价值。徽商在经商活动中，融入儒家文化的价值观，形成了独特的徽商文化——诚信、敬业、团结、协作、奉献，并赢得了良好的社会声誉，为后世留下了宝贵的精神文化遗产。

三、适应当下，促进文旅消费是财神信俗文化传承发展的必然趋势

疫情防控全面放开，催生了文旅消费的热潮。2024 开年后，首个“顶流”

城市非哈尔滨莫属，各大旅游景区游客爆满，哈尔滨凭借秀美瑰丽的冰雪美景、层出不穷的迎客妙招、热情大方的待客方式，吸引国内外游客纷至沓来，走进了全国甚至全球视野。仅元旦3天假期，哈尔滨共接待游客304.79万人次，旅游总收入59.14亿元，达到历史峰值。从“南方小土豆”到“南方小金豆”“马铃薯公主”“广西小砂糖橘”，从“宠爱文学”到“掏心掏肺掏家底”，层出不穷的热搜，不断刷新网友对哈尔滨旅游的新奇感。有专家指出，城市文旅的“爆红”出圈，需要天时、地利、人和，今年冬天哈尔滨爆火是游客群体消费心理变化、政府未雨绸缪、互联网造梗风潮共同推动的结果。冰雪游具有季节性特点，把握文旅消费复苏的机遇，既要乘势而上，也要补齐短板，城市只有积极回应市场变化和游客需求，提升游客满意度和体验感，才能让城市魅力不断延续下去，才能推动文旅消费从“开门红”走向“长年红”。

财神信俗文化在新的历史条件下如何“出圈”，实现财神信俗文化与文旅深度融合，更好地推动财神信俗文化的传承发展，让民俗文化找到民众的真正“热点”，走进千家万户，成为“网红爆点”，为广大民众提供更多、更丰富、更有吸引力的服务与体验。这大有可为，也大有文章可做。

关于灵顺寺“财神信俗”非遗代表性项目名录申报文本撰写的思考

林敏
杭州市文化馆副馆长
浙江省非物质文化遗产专家库成员

摘要：本文研究了灵顺寺的财神信俗，探讨其申报代表性项目名录的可行性。通过分析灵顺寺供奉的财神像、祭祀用品、建筑结构，以及历史文献与口头传统，揭示了灵顺寺财神信俗的传承与变化。灵顺寺自北宋以来一直作为重要的财神信仰中心，至今仍在通过正月初五的招财神庆典延续财神信俗。这为申报浙江省级和国家级代表性项目名录申报文本的撰写提供了可资借鉴的思路，也为杭州民俗文化的传承与发展提供了新的视角，对保护与传承民俗文化具有重要意义。

关键词：灵顺寺；财神信俗；代表性项目；申报思路

杭州历来崇尚财神，自唐宋始，民间一直流传着在正月家家户户请财神、接财神的习俗。人们由此表达五谷丰登、财源滚滚、财富满贯的愿望。杭州建有众多财神庙，在民国时期，有一些财神庙知名度较高，如烟霞洞财神殿、孤山财神庙、城隍山财神庙、粮道山财神殿、五云山真际寺财神殿等，而北高峰上的灵顺寺则是其中知名度最高、影响最大的财神信俗（文中特指灵顺寺财神信俗，下文有说明）活动场所。灵顺寺是一座历史悠久的寺庙，两宋时，该寺庙因供奉财神而闻名，杭州财神信俗活动因此达到了鼎盛。二十一世纪初，灵顺寺经佛像塑造、殿宇翻修，寺内建筑群焕然一新，寺内供奉的财神主要有文财神比干、李诡祖、范蠡、陶朱公，武财神赵公明、关帝以及五路财神、五显财神和五色财神等。近年来，每逢正月初五财神诞辰，求财活动达到高潮，数万信众云集北高峰，成为杭州民俗的一大亮点景观。因财神信俗活动历史悠久、传承有序、内容独特、价值意义突出，且社会参与度高、大众实践广，已采取的保护措施成效明显，所以在 2011 年，灵顺寺“财神信俗”入选杭州市非物质文化遗产代表性项目名录，引起人们对杭州现代化都市中这一传统文化的关注和重视。但为了做好财神信俗的项目名录申报工作，我们需要做好申报文本的撰写。

从最新版的《国家级非物质文化遗产代表性项目推荐申报书》可以知道，一本完整的申报书大致包括以下组成部分：项目基本信息、建议保护单位、项目保护计划、传承人和传承群体、申报及参与保护工作声明书、专家评审委员会论证意见、公示情况、文化和旅游行政部门推荐意见、授权书和附件等。另外，还需要 10 张横向分辨率 1800dpi 以上的 6 寸彩色照片，5—7 分钟的申报录像片和相关辅助材料。照片、录像片均须反映项目主要内容、价值和特点。而辅助材料则指的是：已列入非遗代表性项目名录文件、相关文献资料、成立的相关保护组织文件、产品商标、领导批示、主要荣誉、主流媒体重要宣传报道、已出版书籍及规划等。照片、申报录像片摄制及辅助材料的准备限于篇幅，在此不作叙述。本文着重对申报文本“项目基本信息”“建议保护单位”“项目保护计划”“传承人和传承群体”中的重点内容进行讨论。

一、关于“项目基本信息”的撰写

申报书第一部分“项目基本信息”包括项目名称、申报地区或单位、列入地方名录情况及其归类、涉及民族、基本内容、分布区域、所在区域及其地理环境、历史渊源、主要传承人和传承群体、主要特征、重要价值、存续状况、相关实物及文化场所、项目总体概况等 14 项内容。下面着重对项目名称、基本内容、相关实物及文化场所、历史渊源、主要传承人和传承群体等填写作分析。

1. 关于项目名称的填写

填写非遗项目财神信俗名称时需要注意的是，一定要严格按照杭州市人民政府公布的非遗代表性项目名录文件上的名称填写，否则被视为非同一个项目而被驳回。查2011年第四批杭州市人民政府公布的非遗代表性项目名录文件得知，其名称为“财神信俗”，那么在填写项目名称时就得填“财神信俗”，而不能加上“灵顺寺”三个字，而保护责任单位为“杭州北高峰灵顺寺”是没问题的，类别应为 “民俗”，项目代码为“Ⅹ”，依次填写即可。

2. 关于基本内容的填写

这部分内容只有200字，相当短，但越精练的文字越难写。填写提示是这样的：“须描述项目具体实践方式和表现形式，以及与该遗产项目相关的知识和技能在当前是如何传承的。”如何描述好“财神信俗”的基本内容，笔者认为要先给项目名称下一个确切的定义。定义一般分为“被定义项”“定义项”和“定义联项”三部分。“被定义项”即需要明确概念内涵的事物或词，“定义项”用来解释“被定义项”的概念，“定义联项”即联结“被定义项”和“定义项”的词语。定义的作用是通过列出事物或概念的基本属性来描述或规范“被定义项”的意义，确保对其有确切而无歧义的理解。

那么财神信俗的定义是什么？从它的内涵、外延、性质、类别及传承发展来看，我们可以这样描述：财神信俗是指在灵顺寺这一特定的文化空间，围绕财神崇拜开展一系列朝拜、祭祀等民俗文化实践和信仰的活动，它通常包括财神崇拜（供奉、焚香、献祭）、庙会、社区聚会、节日文化传承和经济活动等。接着再讲实践方式和表现形式。财神信俗文化的核心在于对财神的敬仰和向财神祈祷，信众通过举行各种仪式和活动来祈求财神赐福，希望得到财富和好运。其他地区财神信俗文化的知识和实践方式，一般通过家庭、社区及宗教仪式等途径传承下来。长辈对晚辈的教育、仪式中的角色扮演和实践经验的分享都是传承的重要方式。而财神信俗融合了“儒释道”等民间信仰的元素，形成了具有地方特色的信俗文化实践方式。这些活动既是文化传承，也是打造和谐社区的重要途径。通过这些活动，当地居民表达了对未来生活的美好愿望，同时也增强了社区的凝聚力。财神信俗往往与商贸经济活动紧密相关，来自全国各地的人，甚至海外华商、外国商人和企业家都积极参与这种文化实践，以求得商业上的成功和繁荣。财神信俗文化实践是一个综合宗教信仰、社会实践和文化传承的生动案例，在维护中华文化传统和增强海内外华人，特别是海峡两岸同胞的身份认同感上发挥着重要作用。

3. 关于相关实物及文化场所的填写

杭州北高峰灵顺寺的财神信俗的相关实物和文化场所，主要涉及一些特定的供奉品、用具和宗教建筑。以下是一些与财神信俗相关的代表性实物：

财神像。灵顺寺内供奉的财神像，通常是中国民间信仰中的文、武财神如赵公明、比干、范蠡、关公、陶朱公、李诡祖等人物的塑像，也供奉五色财神、五路财神、五显财神，及手托元宝的太白金星、善财童子和龙女，等等。

香炉。在财神像前，通常会有香炉供信众们烧香。烧香被视为一种与神明沟通的方式，信众通过香烟将祈愿传达给财神。

祭祀用品，包括香、烛、果品、金纸等。这些是供奉财神时常用的祭品，特别是金纸，信众们认为烧金纸可以为自己和家人带来财运。

祈福红绳或护身符。这些是信众们在参拜后可能会购买的物品，用以保佑信众平安和带来好运。

求签筒。在寺庙中，求签是一种常见的习俗。信众通过摇签来求得神明的指示或解答自己的疑惑和问题。

文化场所为财神殿等宗教建筑群。灵顺寺内有牌坊、山门殿、文财神殿、武财神殿和大雄宝殿等宗教建筑群。过了三门殿，进入四合院，左侧为文财神殿，内供千尊财帛星君；右侧武财神殿内，供千余尊武财神圣像。四合院中关帝宝像后的大雄宝殿上，悬挂着“佛光普照”匾额，二重檐下还悬挂着乾隆皇帝御笔“财神真君”的匾额。佛祖两旁宝座上供奉密宗五色财神之首黄财神，上悬“生财有道”的匾额；还有一位是道教五路财神之首的玄坛真君赵公明，上悬“财源广进”的匾额。最里面是道教神仙——太白金星，手托巨大的元宝。殿宇背后供奉三大士：居中观世音菩萨，两侧竖立着善财童子和龙女二胁侍。左右两侧分别是文殊菩萨和普贤菩萨画像。大殿内还供奉有密宗的五色财神唐卡。

4. 关于历史渊源的挖掘与梳理

我们先看申报书填写要求：“描述该遗产项目在历史上的流传情况，以及各历史阶段中的传承群体。项目传承的历史应至少追溯至百年或传承三代，传承脉络清晰，提供以资佐证的历史资料。”字数限定在600字内。叙述项目的历史，不能信口开河，需要有文献资料、史书、志书、实物考证资料佐证，或者从人类文化学的角度，可以由高龄老人来口述所知道的史实，即口述史。因此不管是项目单位也好，还是专家也好，都十分看重项目的历史及其传承谱系的梳理。因为是遗产，所以就要将项目的前世今生梳理清楚。在以往的申报过程中，由于历史渊源讲不清或者有漏洞而申报失败的项目不在少数。那么对于财神信俗的历史渊源，我们可以试着这样描述：

杭州历来崇尚财神，据史料记载，北宋时灵顺寺庙内供奉“五显财神”，始称“财神庙”。在民间也一直流传着正月家家户户请财神、接财神的习俗。明代，寺院内设有“华光殿”（华光菩萨俗称马王爷，也是财神）。明代徐渭登山游寺，留下“天下第一财神”墨迹，灵顺寺由此响彻大江南北。每年正月，杭州民间便举行迎财神活动。比如，贴财神像、摆财神酒、祭祀财神和迎接财神等习俗。大街小巷一些小百货商店以及书店出售财神纸马，礼品店铺出售财神菩萨佛像。灵顺寺更是印刷了大量的财神菩萨像赠送给信众，同时在法物流通处摆满各路财神的塑像，供人们挑选。明清以来接财神习俗更盛，五路神即五路财神，由赵公明、招宝、纳珍、招财、利市五位神仙组成。五路财神又称“路头神”。民国时期，杭州有一些财神庙知名度较高，如烟霞洞财神殿、孤山财神庙、城隍山财神庙、粮道山财神殿、五云山真际寺财神殿等，而北高峰上的灵顺寺则是其中知名度最高、影响最大的财神信俗活动的民间宗教场所。

21世纪初，灵顺寺经佛像塑造、殿宇翻修，寺内建筑群焕然一新，寺内供奉的财神主要有文财神比干、李诡祖、范蠡、陶朱公，武财神赵公明、关帝，及五路财神、五显财神和五色财神等。自2018年起，寺庙每年于农历正月初五举办的招财神庆典，吸引了约十万信众参与，已成为杭州市的知名民俗节日活动。

财神信俗传承谱系，自当前代表性传承人上溯三代，大致如下：第一代……第二代……第三代……

上述描述需要提供的文献资料或者实物印证可能出现的一些问题。第一是文献资料的稀缺或缺失。财神信俗虽然历史悠久，但相关的历史文献可能稀缺或者不完整。过去的记录可能未能被系统保存，或者因时间久远和历史变迁而遭到破坏。第二是口头传说与实际历史的分离。财神信俗的资料收集可能大量依赖于口头传统和民间故事，这些往往难以被准确验证。口头传统可能因传播者的不同而有所变化，难以界定其原始形态和发展脉络。第三是地方特色与广泛认知的差异。不同地区对财神的理解和崇拜方式可能存在差异，灵顺寺财神信俗特色需要与其他地区明确区分，并阐明其独特性与普遍性之间的关系。第四是对信俗被现代化影响程度的考量。因为受社会的发展和现代化的影响，传统信仰可能经历了变化和适应的过程。如何在申报过程中准确识别和保留最原始的信仰特征，同时又不排斥合理的现代化发展，是一个需要解决的问题。第五是参与社区的动态性。随着时间的推移，维持和传承财神信俗文化的社区可能会发生变化。年轻一代正成为这一传统文化参与的主力军，这体现出财神信俗活动的巨大活力，需要在申报中反映出来。这些问题需要通过详细的田野调查、文献搜集、与社区密切合作等多方面的努力来克服，确保文化传承的真实性和完整性。

从填写要求来看，传承谱系作为历史渊源的一部分来佐证项目的历史价值和历史性，这是至关重要的。因为以往的评审中，专家往往就是因为从传承谱系中看出破绽而将项目否掉的。因此，我们在实际填写中一定要认真仔细地梳理、排查三代以上的百年传承历史的可靠性和准确性，确保不留遗憾。

5. 关于代表性传承人和传承群体

财神信俗作为非物质文化遗产，其传承方式以及传承人（群）的确定，是对非物质文化遗产的保护和传播机制的核心组成部分。

首先是它的集体传承模式。集体传承模式一般是指非物质文化遗产的传承不完全依赖于个人，而是依托于一定的社区或集体，通过集体的活动、教育和实践来进行。这种方式有助于维持文化传承的连续性，特别是在参与者众多的情况下。财神信俗集体传承模式主要有：一是庙会活动，即通过定期举办庙会，吸引信众和游客参与，这种活动本身就是一种文化传播过程；二是仪式和祭拜活动，即灵顺寺中的财神信俗相关仪式，如财神生日的庆典、财神祭祀等，这些都是集体参与的宗教仪式活动，有助于传统信俗文化的传承；三是培训和讲解，寺庙可以组织相关的培训活动，如讲解财神信俗的历史渊源、文化意义和传统祭拜仪式的流程等内容。

其次是代表性传承人的作用。寺庙住持及其他僧侣是财神信俗的代表性传承人，他们不仅是财神信俗活动的守护者，也是这一文化的传承者、传播者。财神信俗的代表性传承人往往需要具备深厚的文化理解能力和宗教知识，能够准确理解并传达财神信俗的宗教意义和文化背景；具备教育和沟通能力，能够向新一代信众和参与者教授相关知识和技能；具备组织和领导能力，能在组织庙会和其他宗教活动时展现领导才能，确保活动的顺利进行。

当前，政府部门尚未评审公布“财神信俗”非遗的代表性传承人和传承群体。代表性传承人和传承群体具体是谁或者是哪个组织、群体，这需要灵顺寺推荐、文化和旅游部门组织评审公布。作为国家级代表性项目名录的评审，需要经过省级评审公布的代表性传承人或群体的申报。

代表性传承人（群）的作用和意义大致有：记录传承人重要活动，即详细记录每一代传承人的贡献、主要活动和传承的内容；文献和口述历史的保存，即收集和保存与财神信俗相关的文献、记录和口述历史；同时，确保有计划地培养后继者，通过教育和实践活动让他们逐步学习和接受相关的知识和技能，这种系统的谱系梳理有助于非物质文化遗产的长期保护和传承，确保文化遗产在变迁中保持活力和连续性。

6. 关于主要特征和重要价值的提炼和概括

在概括财神信俗的文化特征时，首先要注意信息的准确性和完整性。财神信俗涉及的历史、地理和社会层面较多，相关文献、资料的获取可能有限。此外，民间传说和信仰往往口耳相传，可能存在不同版本，难以确认其准确性。其次要注意对文化内涵的深度解读。财神信俗作为一种民间信仰，其背后的文化内涵和社会意义非常丰富，如民众的价值观、社会结构、经济背景等，要准确理解并传达这些深层次的文化内涵，需要较高的文化敏感性和专业知识水平。最后要注意社会认知与偏见。财神信俗在不同社会和文化群体中可能存在不同的认知和态度。在概括时，需要注意避免个人或特定群体的偏见，力求客观公正地反映信仰的文化特征。

在解决这些问题的基础上与专家学者合作，这样就可以更全面、准确地概括财神信俗的特征。试归纳概括如下（要求 400 字以内）：

一是历史悠久，传承不绝。灵顺寺财神信俗自吴越国起传承至今已有1000 多年历史，它承载着民众对富足生活与人生福祉的追求，是我国独有的文化传统。庙内所尊奉的财神有比干、范蠡、赵公明、关公、李诡祖等历史英雄，彰显英雄主义和奉献精神，传递了民族传统美德。

二是三宗合璧，和而不同。灵顺寺内神祇众多，不同宗教的神明和谐共存，受到众人尊崇。除供奉着各路财神尊像外，还供奉着诸多佛教尊像，以及道教诸神，都表达着对民众生活福祉和财富安全的关怀呵护，映射“三教合一”，体现文化同辉的盛景。

三是宗教世俗，和谐共生。灵顺寺财神文化以独特方式将宗教信仰与世俗民众对财富的追求相融合，展现了中华民族在宗教和日常生活之间的智慧，极具亲和力和感染力。

四是融入时代，香火鼎盛。随着时代的发展，传统的纸钱和香烛等祭祀物品正逐渐为电子祝福卡、在线许愿等现代化的方式所取代。这种传统满足人们在精神上寻求安慰的需要，对现代经济社会的进步做出贡献。

文旅部有关推荐申报国家级非遗代表性项目的条件指出，申报项目要“体现中华优秀传统文化，具有重大历史、文学、艺术、科学价值”，而灵顺寺的财神信俗活动是具备多维价值的，对于维系社会稳定与促进经济增长具有积极作用。试描述如下（要求400字以内）：

一是促成正向财富观念的确立。现代社会部分人缺乏对财神的尊崇，逐渐偏离仁义善行，崇尚金钱至上导致道德伦理被忽视。灵顺寺所彰显的文化资源在全面建成小康社会的宏伟蓝图下显得格外宝贵，能在实施的“乡村振兴”“共同富裕”战略中培育人们积极正确的财富观念。

二是对促进社会和谐及文明的进步起到重要作用。在灵顺寺，财神不只是财富的标志，更是文化传承和社会和谐的桥梁。信众们都主动接受财神所代表的伦理教育，这种引导有助于社会稳定及文明的发展。

三是促进了文化旅游发展。北高峰作为历史上帝王将相、文人墨客频繁造访的名胜之地，宋徽宗、苏东坡、王安石、徐渭，毛泽东、朱德等留下著名诗文与题字。2005年起，杭州市政府对灵顺寺给予大力支持，寺庙得以精修。历任住持着力于佛教文化推广，创立北高峰书画院、举行艺术交流、推出“灵顺文化系列”丛书，提升了文化旅游品位，旅游价值显著。灵顺寺每年吸引游客逾百万，创造效益巨大。

二、关于“建议保护单位”“项目保护计划”的撰写

申报书第二部分主要内容是“建议保护单位”，这里包括单位名称、法人类型、通讯地址、保护工作专门负责人、联系方式、法人证书或组织机构证明、保护单位保护能力情况、保护单位承诺等内容。其中的重点是“保护单位保护能力情况”的说明。表中填写提示：“要求填写与该项目相关的代表性传承人或相对完整资料的情况；专职从事项目保护工作的人员情况；用以开展传承、展示活动的场所规模和条件；用以开展保护传承工作的自有资金情况等。”字数要求600字以内。这里首先要确认保护责任单位是灵顺寺还是灵顺寺财神信俗文化研究院？当然不管是哪个单位，都要对代表性传承人、专职工作人员、场所条件和保护资金情况进行介绍。展开讲，就是要对灵顺寺或者灵顺寺财神信俗文化研究院的基础条件，将来可能认定为代表性传承人的情况，编辑出版的专著书刊，收集保存的灵顺寺财神信俗的祭品、香烛、文献资料、石刻、碑

记等老物件实物，现有财神信俗活动的场所，专门用以展览和展示的博物馆、陈列馆的建设，如何承担起该项目的传承、传播，每年保护经费的安排，财神信俗传承人和传承群体的培训、培养等情况进行介绍。

第三部分是“项目保护计划”，国家级非遗代表性项目推荐申报条件要求，项目保护单位“制定有具体可行的保护措施和保护规划，保护工作富有成效”。这部分内容包括已采取的保护措施与取得的保护成效、五年保护计划主要内容、五年计划预算编制情况和保障措施 4 部分内容。其中，“已采取的保护措施与取得的保护成效”要求在 400 字～ 600 字，内容涉及财神信俗列入杭州市级非遗代表性项目名录后，为加强和促进保护传承已经采取的各项具体保护措施和取得的成效，并要求说明相关群体和个人参与保护工作的情况。“五年保护计划主要内容”主要包括财神信俗今后五年的保护计划，要围绕记录、建档、传承、研究、宣传等方面的内容制定，并说明如何确保该遗产项目相关的群体和个人参与保护措施的制定及其今后实施。保护计划应是具体可行的措施，且参与方有明确的责任约定，而非对可能性和潜在性的描述，而“保障措施”主要包括为保障保护计划的实施将采取的各项保障措施，包括政策、机构、人员、经费等。

三、如何对待财神信俗与迷信的问题

申报国家级非遗代表性项目文件中指出，申报的项目须符合社会主义核心价值观，有助于增强中华民族的文化认同、维护国家统一和民族团结、促进社会和谐与可持续发展。同时也强调项目应体现文化多样性和中华民族创造力。

在现代社会，尤其是在全球化和商业化趋势不断加强的背景下，传统文化价值可能与现代价值观产生冲突或被误解。例如，财神信俗可能被视为迷信或物质主义的体现，这无疑会影响到民众对其文化价值的客观评价与认同程度。历史与现实的连续性问题亦不容忽视。灵顺寺财神信俗文化的历史演变与现今文化实践之间可能存在断层。正确理解和评价这一文化价值的历史与现实连续性，是需要被严肃对待的问题。此外，社会和经济背景对财神信俗的影响亦不容忽视。社会经济结构的变迁可能改变人们对财神信俗的态度和需求。在日益注重科学和理性的社会环境中，传统信仰的社会功能和价值可能会受到质疑或忽视。

在探讨财神信俗与迷信的问题时，我们应基于以下四个维度进行分析：首先是历史渊源与文化内涵。封建迷信主要源自封建社会，强调超自然力量对人类生活的影响，缺乏科学依据。相较之下，非物质文化遗产如财神信俗，承载着丰富的文化内涵和历史价值，如其所体现的财富伦理、道德追求等。其次是社会功能与传承方式。封建迷信大多局限于个人信仰层面，缺乏社会功能与共识作用，而非物质文化遗产如财神信俗，在社会中扮演着传承文化、促进社会和谐等的重要角色，得到了社会的广泛认可和持续传承。再者是现代社会价值。封建迷信常与现代社会观念和价值观发生冲突，难以适应时代发展。然而，非

物质文化遗产如财神信俗，能够在现代社会中持续发挥其传承文化、增强社会凝聚力等积极作用，展现出强大的现代化转化与发展潜力。还有文化认同与社会影响。封建迷信可能带有排他性和封闭性，限制了多元文化的交流。相反，非物质文化遗产如财神信俗，能让人产生较强的文化认同感，能够促进社会多元文化的共存与交流，产生更广泛的社会影响。

财神信俗作为非物质文化遗产代表性项目，拥有悠久的历史，体现了社会和谐、文化传承等多方面的价值。这与简单的封建迷信有着本质的区别。在当代社会中，其价值和影响也在不断地得到体现和延续。

四、如何看待财神信俗的创造性转换与创新性发展

推荐申报第五批国家级非遗代表性项目的通知中，特地强调，各省推荐申报项目数量应不多于 30 项的情况，在同等条件下，需要关注体现大众实践、覆盖面广、民众参与度高的项目和民族地区、边远地区、贫困地区的项目。这是一个附带条件，除了“民族地区、边远地区、贫困地区的项目”外，对于“体现大众实践、覆盖面广、民众参与度高”的项目尤其需要关注，这是以往四批国家名录评审通知中所没有的。因此，我们在考虑财神信俗申报材料填写时，特别要将其融入社会、融入生活。创造性转换创新发展的内容，尤其需要关注并作为亮点写入申报文本中。

当然我们要处理好以下几方面的关系：一是处理好与文化原真性保护的关系。在创新和转型的过程中，如何保持财神信俗的核心价值和传统特色是一个挑战。过度商业化或现代化可能会导致其失去原有的文化意义和精神实质。二是处理好与社区民众文化认同的关系。财神信俗深植于民间信仰和地方传统中，任何创新的引入都需要社区成员的接受和支持。改变可能会遭到一部分信众的反对，特别是老年信众可能对于改变持保守态度。三是处理好、平衡好传统文化与现代需求的关系。在保留传统的同时吸引大量年轻人的涌入，完全改变年轻人对传统信俗不太感兴趣的状况，进一步提升传统文化与现代元素（如科技、现代艺术等）有效结合的能力。四是处理好财神信俗保护与经济支撑的关系。财神信俗的传承活动需要一定的经济支持，如在进行创新发展时，就需要额外的资金来支撑新的项目或活动。五是在提升财神信俗传统文化保持者的知识、技能基础上，处理好传统文化与现代生活及社会需求的关系，以确保能力的提升来实现创新发展。

当然，在编制财神信俗申报材料的过程中，必须要遵循严谨的学术态度，尊重前人的研究成果，以及科学结论。唯有如此，我们才能产出科学严谨、可靠度高的申报材料，从而提高申报成功的概率。因此，深入研究前人及当代学者的学术成果，并进行翔实的田野调查，是撰写优质财神信俗申报文本的关键前提。同时要进行广泛沟通，确保寺院成员，尤其是核心信仰者，能够参与讨论和决策过程中，以获取他们的支持与理解。要利用现代媒体与技术，通过这

些手段向人们，尤其是年轻一代，传播关于财神信俗文化的重要性和价值。再者，要寻求政府和非政府组织的支持，以获得经济资助或法律、政策协助。要强调文化的现代相关性，在保持传统的基础上，凸显其在现代社会中的适用性和价值，使传统文化更好地适应现代社会的需求。要广泛收集历史文献、民间故事、现代研究和田野调查资料。要开展跨学科研究，结合人类学、社会学、经济学等多个学科的视角和方法，以更深入地探讨财神信俗的多元价值。在研究和表述过程中，尊重各方专家看法，避免以偏概全或带有偏见的描述。通过这些方法，我们可以更准确全面地评估和概括财神信俗文化的内涵与价值。

由于申报文本几乎每个栏目都具体规定了字数，所以我们撰稿时应追求规范、准确、简明而得体，严禁采用半文半白、随意混用生造词语或网络语言；必须正确使用标点符号，遵循国家标准使用汉字数字和阿拉伯数字；确保概念清晰明确，避免产生歧义。在引用成语、俗语、歇后语、名言警句时，充分理解其真正含义，掌握词义的轻重和感情色彩，确保表达恰到好处，避免使用过分贬义或过分褒义的语句。在词汇选择上，应以中性词为主。语言的表达要言简意赅，清晰易懂，简洁明确。文字叙述要开门见山，直接陈述事实，避免绕弯子或设置悬念。同时要使用规范化的简称。应多用陈述句和祈使句，少用描写句、疑问句和感叹句。语言文字使用还要得体，应使用专用语和书面语，慎用口语，以展现端庄严肃的风格。

多样化的财神信俗文化

唐全明
杭州市文化馆非遗（民间艺术）保护中心主任

摘要：财神信俗这一古老的民俗文化历史悠久，伴随着人类的发展而发展，已融入老百姓的生活。它是人们精神的家园，具有很强的现实意义。千百年来，不同地区的财神信仰多少都存在着一些差异，这也正说明了在不同地区和行业里财神信俗文化呈现出的多样性和丰富性。当今的数字化时代，又赋予了财神信俗文化新的生命力。在人们今后的生活中，它将发挥更加积极的作用。

关键词：财神；信仰；多样；差异

中国历史悠久、地域辽阔，不同地域、不同历史文化催生了不同的财神形象，形成了不同的财神信仰和财神文化。

通常，财神大致分为两类：一类是道教赐封，一类是民间信仰。道教赐封的财神都是天官、天仙，可分为文财神、武财神、偏财神、准财神等等。

其中，文财神和武财神往往又被称为正财神。一般来说，文财神指的是比干、范蠡、李诡祖、福禄寿三星中的禄星等。他们或是生前巨富，或是升仙后奉命管理人间财帛、人世爵位。文财神的形象常作天官打扮，多数文财神还手持“天官赐福”的字样。其中，李诡祖在民间最受欢迎，也最具神性，其画像常与福、禄、寿三星及喜神并列，合称福、禄、寿、财、喜。此外，画像中的文财神脸色白净、面带笑容、锦衣玉带、冠冕朝靴，最适合室内张挂。武财神指的是关羽和赵公明。除赵、关之外，很多人还把五代时期后周皇帝柴荣尊为武财神。周世宗柴荣乃邢州尧山（今河北省邢台市隆尧县）人，是周太祖郭威的养子，公元954年继位为帝。柴荣在位期间，改革政治、整顿军事、发展经济，初步奠定了后来北宋的势力基础。柴荣是五代十国中最杰出的帝王，欧阳修和司马光都称赞柴荣为一代英王，当世雄杰。又因柴荣从小就有经商天赋，曾经在南方贩卖茶叶发大财，从宋元时期开始，中原地区的百姓便奉柴荣为财神。

偏财神又叫横财神。偏财即通过非正规途径获取的财富，俗称横财。一般认为，偏财神是利市仙官姚少司。不过，不同时代、民族、地区都有不同的偏财神，故而偏财神数量较多，利市仙官、沈万三、土地公、灶王爷、和合二仙、貔貅神兽、韩信、周瑜等都曾被奉为偏财神。在东北地区，狐、黄、白、柳、灰也被奉为偏财神。狐即狐仙（狐狸）、黄即黄仙（黄鼠狼）、白即白仙（刺猬）、柳即柳仙（蛇）、灰即灰仙（老鼠）。

准财神指未获财神封号，但能为人们带来财运的神灵，于是人们也将其作为财神供奉。刘海就是其中最具代表的一位准财神。刘海又称刘海蟾，传说是个仙童，形象为短发垂额，骑在金蟾上，手里舞着一串钱。金蟾为仙宫灵物，古人以为得之可致富。“刘海戏金蟾，步步钓金钱。”这表示财源广进、大富大贵。于是，人们便将刘海奉为财神，求财祈福。

民间信仰的财神大致可分三类：五大财神、四方财神、五路财神。五大财神即东方财神比干、南方财神范蠡、西方财神关公、北方财神赵公明和中方财神王亥。四方财神是西南方财神端木赐，东北方财神李诡祖，东南方财神管仲和西北方财神白圭。五路财神共有两种说法，其一是指赵公明及其手下的四位部将，即中路财神赵公明、东路财神招宝天尊萧升、西路财神纳珍天尊曹宝、南路财神招财使者陈九公、北路财神利市仙官姚少司；其二指的是东路财神比干、南路财神柴荣、西路财神关公、北路财神赵公明、中路财神王亥。前者往往被称为小五路财神，后者则被称为大五路财神。五路财神之所以区分大小，主要是因为小五路财神在民间被供奉较少，大五路财神被供奉较多。除了五路财神，一些地区还有九路财神信仰。九路财神是：王亥（中）、比干（东）、柴荣（南）、关公（西）、赵公明（北）、端木赐（西南）、李诡祖（东北）、范蠡（东南）、刘海（西北），他们共同组成了“四面八方一个中”的九大财神阵容。

除上述两类之外，藏传佛教和流行于中国的大乘佛教也有各自的财神。藏传佛教的财神为黄财神、白财神、黑财神、绿财神和红财神，他们的藏名分别为瞻巴拉色波、赞布禄嘎尔布、赞布绿那布、占巴拉沃波、藏哈玛波。其中，黄财神为诸财神之首，主司财富，能让众生财源广进；白财神相传是观世音菩萨悲心所化，主掌智慧、功德及财富，能使众生具足洁白妙好之财宝；红财神源自莲花生大师的伏藏传承，能招聚人、财、食等诸受用、自在、富饶的功德；黑财神是五姓财神中施财立即见效的财神，故人称财神王；绿财神为东方不动佛所现的应化身，受释迦牟尼嘱托，赐予世财、法财。大乘佛教的财神为有多闻天王、布袋弥勒和善财童子等。需要说明的是，藏传佛教的黄、白、红、黑、绿五位财神也被称为五路财神。

正如崇文者供奉文财神，尚武者则供奉武财神一样，不同行业所拜的财神也不相同。例如，走仕途的拜西北财神刘海，水运者拜北路财神赵公明，房地产、手工、矿产从业者拜东北财神李诡祖，律师、餐饮业从业者及音乐工作者拜西路财神关公，体育、艺术工作者拜东路财神比干，超市、土特产经营者拜西南财神端木赐，影视、文化、电力、物流等工作者拜南路财神柴荣，金融、医药等从业者拜东南财神范蠡，跨境商贸经营者拜偏财神苏福禄（最早到东南亚经商的华侨，被尊为偏财神）。此外，历史上，源于宋代的五通、五显、五盗等也曾被奉为财神。五通神又称五圣或五郎神，民间则将其别称为木下三郎、木客、独脚五通、花果五郎、护界五郎等。五通神信仰在明清时期最为盛行，江南各地遍设五通神庙，香火绵延不绝。五显神为宋代江西德兴、婺源一带信奉的财神。他们是显聪昭应灵格广济王、显明昭烈灵护广佑王、显正昭顺灵卫广惠王、显真昭佑灵祝广泽王、显德昭利灵助广成王。据说，这五显神是一家兄弟五人，他们在宋代均被封为王，且其封号首字都为“显”，民间因此称之为五显神。五盗又称五道、五子，他们是杜平、李思、任安、孙立和耿彦正。传说，五盗为东岳大帝下属，是阴间之神，掌管世人生死荣禄，所以时人奉之为财神。

在中国民间信奉的财神中，影响最大的当是赵公明。赵公明，又称赵公元帅，名朗，字公明，是终南山下陕西周至县集贤镇赵大村人。《三教源流搜神大全》称其能“公平买卖求财，公能使之获利和合。但有公平之事，可以对神祷，无不如意”。在《封神演义》中，赵公明被封为“金龙如意正——龙虎玄坛真君”，简称“玄坛真君”，统帅招宝天尊萧升、纳珍天尊曹宝、招财使者陈九公和利市仙官姚少司四位神仙，专司迎祥纳福、商贾买卖。赵公明既然统帅招宝、纳珍、招财和利市四名与财富有关的小神，便自然而然地也被民间认为是财神。《清嘉录》卷三记载：吴地以阴历的三月十五日为赵公明的生日，每到此日，人们都要谨加祭祀，财神或立庙祭祀，或在家中塑像祀之。至今人们祭祀财神仍多以赵公明为对象。赵公明的财神形象多为黑面浓须，骑黑虎，一手执银鞭，一手持元宝，全副戎装。

而影响力最大，信奉地域最广的财神当是关羽。可以说，有华人的地方就有关帝庙，东南亚，中国香港、澳门、台湾地区几乎所有的公司、商铺、家庭、官方都敬拜这位武财神。关羽，字云长，河东解县（今山西省运城市西南）人，三国名将，后世尊其为武圣，与文圣孔子齐名。关羽之所以被后世尊崇为财神，应该与其精于管理，擅长理财密切相关。据说，关羽辞曹归汉时，将曹操赏赐的财物悉数留下，并附上一本依照“原、收、出、存”四个项目记载的账册。“原”是曹操原本送的财物，“收”是关羽实际收到的财物，“出”是关羽在曹期间的支出，“存”是关羽辞别时所结存的财物。后世商人对这种简明的记账法大加赞赏，纷纷采用，人称“商用簿记法”，关羽因此被视为财会的创始人，又因关羽死后成神，后人便逐渐将其奉为财神。一说，关羽镇守荆州时，告诉一位叫王三的酿酒师，只要诚信经商，便能发家致富。王三信其言，生意日渐红火。当地酒霸眼红，便勾结官兵，打砸了王三的酒店。王三于是找关羽告状，关羽不仅严惩恶霸，还帮王三重振旧业。为了报答恩人，王三将关羽画像挂在店堂内。其他商家见王三生意兴隆，以为是关羽保佑其招财进宝，于是纷纷效仿。久而久之，关羽便成了发家致富的招财神。

在中国，不同地区的财神信仰多少都存在着一些差异。如南方的财神以赵公明、关公等为主，而北方的财神则以比干、范蠡等为主。此外，一些地方还存在着地方性的财神，如江浙的金元七总管、沈万三，福建的陈靖姑等。金元七总管是明清以来江浙一带供奉的地方性财神，据说是抗倭英雄。沈万三是明朝巨富，是民间知名度极高的活财神。传说，沈万三拥有摇钱树和聚宝盆，能源源不断地为他输送金钱。陈靖姑则是福建最有影响力的陆上女神，被尊为顺天圣母、天仙圣母、临水夫人、临水陈太后等，被誉为“救产、护胎、佑民”的妇女儿童保护神。但在一些地区，陈靖姑又被奉为财神。此外，民间还将招财童子、利市仙官、和合二仙、刘海等尊为小财神。小财神都以童子的形象出现，他们不仅活泼可爱，而且还代表财富、好运和成功等，故在民间极受欢迎。

综上所述，不同文化、不同信仰、不同地域、不同行业所拜的财神各不相同，而不同的财神形象和信仰又反映了地域文化的多样性和复杂性。

非遗视域下的都市民俗保护研究
——以杭州灵顺寺财神信俗为例

钟梦迪
浙江省非遗保护中心馆员

摘要：杭州灵顺寺汇集道教、佛教和民间各路财神，是财神祭祀的重要场所，其财神信俗也是中国财神崇拜的缩影。随着社会经济的发展，在新的都市时空语境下，杭州财神信俗不衰反胜，其背后折射出的社会现象和社会心理值得思考，在非遗保护视域下对于都市民俗存续的有效举措值得探讨。

关键词：灵顺寺；财神；非遗保护；都市民俗

自宋代以来，随着工商贸易和社会经济的发展，人们对于财富的追求日益强烈，促使财神信俗日渐繁盛。灵顺寺始建于东晋，明代以来，逐渐转变成以供奉财神为主的寺庙，故又名 “天下第一财神庙”。改革开放后，私有制经济产生，人们对个人财富的追求成为社会发展的动力。近年来，自由营商环境日渐完善，财神信俗达到鼎盛。特别是每年正月初五“迎财神”之时，灵顺寺内香火鼎盛，信众络绎不绝。每月的初一、十五也有大量信众来此朝拜，爬北高峰拜财神成为了杭州的传统民俗，并且在近几年有越来越兴盛之势，可以说历史上的任何一个时期人们对于财神的追求都没有像今天一样普遍。财神信俗的内涵在于生财有道，向善而为，穷则独善其身，达则兼善天下，是对当今社会浮躁的、只求快的财富观的警醒，具有深远的教育意义。财神信俗历史悠久，涉及范围广，存续良好，提倡向善的积极的生财观；但由于文化、政治等原因，一直不受重视，甚至被忽视，直至2011年杭州财神信俗被列入杭州市级非物质文化遗产代表性项目名录，才得到了官方认可和支持。

一、灵顺寺财神信俗是都市民俗类非遗保护的缩影

随着现代化进程的不断加快，多元文化交融，非遗项目存续受到的冲击也越来越大，传承土壤变化、传承人群青黄不接、受众热情度不高等成为几乎所有非遗传承遇到的困难，作为非遗十大门类之一的民俗类项目更是首当其冲地面临巨大困境。中国的非遗保护工作已经历经二十年，相关人员也在不断探索助力非遗传承保护的新路径，在中国式现代化进程中不断认识非遗保护的机遇和使命。中央办公厅、国务院办公厅《关于进一步加强非物质文化遗产保护工作的意见》（厅字［2021］31号）提出要切实提升非遗系统性保护水平。“系统性保护”成了新时代非遗保护工作的引领性课题，这要求我们把看似单一的非遗项目放在大的社会背景当中去，并且以人民为中心，推动非遗融入当代生活。这与同样以杭州财神信俗为研究对象的都市民俗学的理念不谋而合。

随着现代化进程的飞速发展，乡村社会日益缩减，都市生活日益成为现代人的主流生活模式，一直以关注当下人们生活为主导思想的民俗学者开始把目光投向都市。“从2021年以后，我们已经有50%以上的地区进入城市社会，现在每年以1%的速度增长，农村将大幅度地萎缩、减少，而城市将有很大的发展。城市社会如何构建成一个和谐社会？城市民众如何建立自我认同，城市民俗产业如何得到健康发展？同时如何安顿我们的人心？如何建立一种良好的社会风尚？面对这些问题，都市民俗学任重而道远。”[1] 对于杭州灵顺寺财神信俗的研究，可以延续城市的文化传统，增强文化认同，也可以彰显城市独特的文化个性，不论是对于新时代非遗保护事业的推进，还是助力民俗学突破“传统和现代”的二元对立，都有十分重要的价值。

[1] 田兆元于2013年8月26日至27日，在由华东师范大学研究生院主办、华东师范大学民俗学研究所承办的首届“海上风都市民俗学论坛”上的讲话。

二、都市新民俗：顺应时代的当代人生活

非遗学和民俗学都是关注当下人生活的学科，“非遗”看上去是个新概念，但它本身就是生活的一部分：解决老百姓的衣食住行，老百姓表达他们的情感以及对美好生活的追求。当下，财神信俗引发的公司团建、寺庙游和非遗热等都是值得我们关注的社会现象，从络绎不绝的信众所处的大环境以及呈现的社会心理和生活状态可以看到现象背后深层次的历史文化逻辑。

1. 公司团建祭财神：后疫情时代新潮流

浙江省民营企业发达。据统计目前浙江市场主体超过900万户。2019年底至2023年初这段时间里，国内外疫情形势跌宕反复，国际环境复杂多变，国民经济在疫情的冲击下受到重创，浙江各中小企业生存境遇面临巨大挑战，这些因素叠加，使后疫情时代下浙江省中小企业压力不断加大。如此形势下，催生了新的都市民俗，并在近年来越发兴盛。拜财神，对于祭拜者具有激励作用，对于挫败者也是一种安抚，对于社会则是一种缓冲。新年开工第一天，杭州及周边越来越多的企业主带领员工登顶北高峰、祭拜财神、敲响祈福钟，寓意“钟声一响，黄金万两”，并在登顶后以开工红包奖励员工，也祈祷企业能在新的一年财源滚滚、和气生财。以公司团建的形式祈求财神护佑企业新的一年财源广进，这一新的都市民俗厚植于充满自由的营商环境、中小企业众多的杭州及周边，对于祭拜者来说具有激励作用，也从侧面反映出“不畏艰难向前走”的浙商精神。

2. 寺庙游：当代年轻人的新时尚

数据显示，自2023年以来，“寺庙游”热度暴涨，相关景区门票订单量同比增长310%，“寺庙”关键词的搜索指数同比增长高达600%以上，90后、00后寺庙游占比接近50%。如今的寺庙一度成为年轻人心目中的“顶流”，财神自然也是他们的“心头好”。中国寺庙作为传统文化中的重要组成部分，不仅是宗教信仰的场所，也是社会、文化、艺术的传播和发展中心。在年轻人源源不断“涌入”寺庙的同时，寺庙文化也在进行创新。社会的快速发展导致年轻人面临的压力也越来越大，特别是刚毕业不久的年轻人身处大城市，承受的最大压力无疑是经济压力，加之工作上的焦虑情绪。另一方面，寺庙建筑充满中国古人的建筑智慧，是中国传统文化的物化表现，现代年轻人已然是中国传统文化的忠实践行者。徒步上山，在掌管经济的财神面前虔诚一拜，不仅情绪价值拉满，又能感受浓厚的传统文化氛围，这已成为当代年轻人抒发情绪的新型表达方式和生活方式。

3. 非遗热：传统文化复兴的新阵地

根据澎湃新闻发布的《2023网络文学十大关键词》显示，“非遗”依旧不出所料地上榜。最大短视频平台抖音发布的《2023抖音非遗数据报告》显示，截止2023年5月，抖音上平均每天有1.9万场非遗直播，超1000位00后在抖音身体力行弘扬非遗。

2024年初，各类非遗年俗活动更是在各大网络传播平台爆火。城市化进程加快后，现代生活和传统生活产生断层，人们心理上可能会产生落差，从而导致现代人对于传统生活方式产生眷恋和怀念。民俗类非遗项目因具有悠久历史延续性、传承受众多、传播范围大等特点，是传统文化的集中展示平台。财神信俗作为民俗类非遗项目，对其进行保护和发展，不仅能广泛传播中国传统财神文化，还能对当代人进行道德教化。笔者认为把灵顺寺财神信俗列为中国非物质文化遗产正统序列进行保护显得十分必要并具有重大意义，这是把民间信仰当作城市遗产来看待的一大跨越。

三、如何抓住热点开展非遗保护新探索

1. 试点探索，推进“非遗在社区”

在文化和旅游部印发的《“十四五”非物质文化遗产保护规划》和中央办公厅、国务院办公厅《关于进一步加强非物质文化遗产保护工作的意见》（厅字〔2021〕31号）中都提到开展“非遗在社区”工作。《“十四五”非物质文化遗产保护规划》中指出“探索推进新型城镇化进程中的非遗保护，在城市社区培育孕育发展非遗的土壤，开展‘非遗在社区’工作。尊重社区居民主体地位，提升社区居民的参与感、归属感和凝聚力”。灵顺寺财神信俗所在的杭州市正经历高速城镇化、城市化发展，人口流动大，千百年来，虽然财神信俗的地域空间没有变，但是非遗保护强调的主体“社区”发生了巨大变化，并随着人口流动逐渐扩大，在灵顺寺信众群体里，除了本地及周边的香客，多了外地游客和新杭州人等。在这里，非遗传承社区是以杭州本地及周边固定香客为主，加上带动的游客和新杭州人的群体，社区内核固定。虽然灵顺寺有专门设置的管理机构，但也只是负责寺庙的运营、管理、宣传等常态化业务。作为传承主体的社区应最大限度地参与到信俗的保护传承中去，并发挥积极促进作用。杭州灵顺寺信俗具有丰厚的传承传播土壤，在推进新型城镇化进程中顺应发展，顺势而为，是城市“非遗在社区”实践的典型案例。

2. 文旅融合，开展“非遗旅游”

非遗与旅游具有天然的契合点，两者融合发展是文旅融合的应有之义和重要内容。2023年2月，文化和旅游部印发《关于推动非物质文化遗产与旅游深度融合发展的通知》，指出“推动非物质文化遗产与旅游深度融合发展对于扎实做好非物质文化遗产的系统性保护具有重要意义”。杭州灵顺寺坐落于西湖风景名胜区内，自然风光秀丽，人文底蕴深厚，具有优越的地理位置优势。其内供奉的神明集佛教、道教和民间信仰文化于一体，具有丰富的民间传统文化内涵，这些得天独厚的自然人文资源禀赋，给灵顺寺开展非遗旅游提供了丰富资源。现在的旅游导向让人们更喜欢探索体验式的深度游，灵顺寺可以依托寺庙为旅游载体引导游客不断深入文化体验、丰富精神需求。比如在大年初五和农历每月初一、十五等时间节点，结合财神信俗开展旅游项目，以及寺庙义工

体验游等，既能带动旅游产业又能反哺非遗的有效传播和推广。

3. 双创转化，激发“非遗经济”

在非遗热和寺庙游的双重利好趋势下，灵顺寺的非遗经济发展也被带动了。非遗与经济，一个是精神，一个是物质，看似是两面，却能在当下衍生出“非遗经济”这样的融合概念，以非遗带动旅游产业、文创产业的发展等。年轻受众的崛起，给寺庙类景区延伸出了更广泛、更多元的利益空间，同时也驱动了寺庙文化的创造性转化和创新性发展。灵顺寺可以在深度挖掘财神文化的基础上，在财神元素的提炼、创意设计和符号价值的运营等方面下功夫。如创作以呆萌财神形象为主题的文创，让年轻人不惜排长队购买的时尚单品佛珠手串、好运刮刮乐，以及有“发财”拉花的发财咖啡，等等，这些具有财神 IP 的文创产品都可以成为带动非遗经济增长的消费热点。在浮躁的都市社会背景下，寺庙和非遗的双重化学反应，让年轻人愿意为既蕴含情绪价值又饱含中国传统文化内涵的产品买单，从而生发出“非遗经济”。

4. 紧跟时事，以非遗助力共富

2021年，浙江被认定为全国共同富裕示范区。2023年，浙江省启动“非遗助力共同富裕”工作。共同富裕的内涵，既包括物质生活的改善，也包括精神世界的提升。财神信俗是文化维度的，是对物质富裕的精神诉求。财神信仰的主要意义在于求财时，提倡生财有道、积极向上，即求财要谨记向善、道德与信誉，提倡把财富以扶危济困、修桥铺路等慈善的形式回馈给社会。信仰者通过拜财神、接财神的方式表达了对利益的诉求，同时对于其本身也会有激励作用。财神信仰所包含的文化内涵，与共同富裕所倡导的财富观不谋而合。首先共同富裕不是平均主义，共同富裕是可以允许一部分人先富起来的，富起来的这一部分人再回馈社会，从而尽可能地缩小贫富差距。所以，在共同富裕示范区建设的大形势下，对于财神信仰非遗项目的保护工作具有十分重要的价值和意义。

5. 兼顾物质，保持文化空间神圣性

在中国，非物质文化遗产，是指各族人民世代相传并视为其文化遗产组成部分的各种传统文化表现形式，以及与传统文化表现形式相关的实物和场所。其中与传统文化表现形式相关的实物和文化场所是以物质形式存在的，也是非遗系统性保护工作开展不可或缺的一部分。对于财神信仰，信众主要有两种社会心理：一种是实干型，凭借一步一个脚印去合理地获取财富；另一种是空想型，希望天上掉馅饼而不为之付诸行动。寺庙类文化空间，不同于其他文化空间，具有一定威慑力。信仰是纯粹和神圣的，保持非遗空间的神圣性，对于信众树立正确的财富观具有积极促进作用。在灵顺寺的历史变迁中，其内供奉的财神会根据朝代变化进行增减，祭祀场所也会根据实际进行调整。如当前根据信众新的需求和生活方式，寺庙添置了法物流通处等商业空间。但是，值得注意的是，为了保持信仰类文化空间的神圣性，我们需要严格区分世俗娱乐空间和信仰文化空间的界限，一切针对信仰文化空间的调整都是要以神圣性为准绳。

四、结语

随着现代化、城市化进程的加快，在多种文化的冲击下，民间信仰式微。而灵顺寺财神信俗却能在都市得到很好的传承和传播，一方面是因为杭州大环境下营商氛围浓厚，人们对于个人财富的追求兴盛；另一方面也反映了中国传统文化的复兴。非遗其实就是我们生活本身，我们现在谈的非遗保护，是放在大时代背景下的非遗保护。财神信俗适应社会发展需求，对其进行研究和保护可以窥探现代人的生活方式和心理状态，从而进一步提炼出都市民俗的传承和发展方式。

财神文化在当代传承中的嬗变
——以杭州财神信俗“潮”生活现象为例

王莹欣
杭州市文化馆馆员

摘要：每年农历正月初五，来自各地的善男信女齐聚灵顺寺进香许愿，迎请财神，待离开寺庙之后，把这份虔诚恭敬之心带回日常生活之中。随着时代的变迁，生活方式的改变，人们祈福纳财的方式也发生了一定的变化，体现在日常衣、食、住、行等多个方面，该研究从这4个方面解析财神文化在当代传承中的嬗变。

关键词：财神；祈福；服饰；饮食；住宅；交通工具

杭州北高峰灵顺寺是一座集佛教文化与民俗文化为一体的千年古刹，寺院内除按佛殿格局设置天王殿、佛殿以供奉弥勒菩萨、释迦牟尼佛之外，还供奉玄坛真君赵公明、武财神关公、文财神范蠡，以及华光财神、藏传佛教五姓财神等，旁边还供奉了许多中国民间流行的吉祥之神，如我们熟悉的福禄寿三星神，招宝、纳珍、招财、利市等等，将大众期盼的“福禄寿喜财”等良好愿景都融入其中，被称为 “天下第一财神庙”。

每年农历正月初五，来自各地的善男信女齐聚灵顺寺进香许愿，迎请财神，待离开寺庙之后，也会把这份虔诚恭敬之心带回日常生活之中，形成了日常生活中的多种仪式与潮流，比如，贴年画、吃素斋、逛庙会、进行迎神赛会活动等，这些都具有财运亨通的吉祥寓意。本文从人们生活的衣、食、住、行4个方面浅谈杭州财神信俗在日常生活中的体现方式。

一、财神信俗对当代衣着服饰的影响

1840年鸦片战争之后，中国的服装开始发生变化，慢慢接近西方国家的穿衣风格，到现在已经与世界完全接轨，除了广为人知的旗袍、唐装以外，从服装上已较难辨别国籍。但是，近年来，越来越多的人开始追求国潮风，其中就包括了财神元素。

服装中的财神元素大多从服饰图案中体现，包括符号装饰，财神形象直接挪用、简化、卡通化，与现代元素融合等几种主要设计手法，服装的款式以短袖、T 恤为主。如图1.1是直接运用木版年画的文财神年画造型；图1.2则是运用了潮牌设计的一些线条和人物突出的特征，以及结合著名的美国征兵海报《I WANT YOU》中的手势进行创新。市场上除了对于图片进行创新的设计方法外，还有通过汉字来直白表达求财的祈愿的设计。服饰中主要流行以下两种汉字设计，一是设计师利用网络中的流行语，体现时代发展的特色。互联网技术的发达，使得越来越多的网络词汇出现在人们的生活中，如“上层建筑”等，影响着他们的消费观念，设计师将这些元素融入服饰中。二是，设计师利用字、图组合的形式，例如图1.3,直接在短袖上印了“日进斗金”的繁体字样，来表达当代年轻人每天想要暴富的心愿，“暴富”“发财”“好事花生”“搞钱”等也是常用设计字样。

除了把财神“穿”在身上，许多年轻人也流行把财神元素放在手机壳等随身物品装饰上。在国潮风尚流行后,将传统元素与现代元素相结合是一种常见的设计手法。比如图1.4中的“财神手机壁纸”就是很好的体现设计师在了解传统文化寓意和现代背景后，找到两者之间的共通点，运用传统且高饱和度的色彩，以及黑色粗犷的线条将两大元素融合起来，以达到传统文化的现代化创新。整个壁纸将财神形象进行简化、卡通化后，添加进了现代元素中的墨镜和球鞋，并给财神设计了类似当代说唱的酷酷的表情，使整个形象显得趣味十足;背景也通过饱和度高的色彩和黑色的线条表现出了张力和不羁的态度，通过夸张的钱币、元宝以及直白的“财神到”“日进斗金”的字样，突出了当代年轻人对于求财的渴望和审美选择。财神形象也经常通过简化、抽象、提取等方式再设计，以财神帽、铜钱、金龟等代表符号出现。这些符号象征着我国古代的的遗风余韵，既展现了新时代的审美，又彰显了民族特色，且深受年轻人的喜爱和推崇。例如图1.5的手机壁纸。

图 1.1

图 1.2

图 1.3

图 1.4

图 1.5

二、财神信俗对当代饮食习惯的影响

中国的饮食文化源远流长，不同地域、不同节气，吃什么食物，都会依时依令而变。财神信俗对人们的饮食习惯也造成了一定的影响。为了传达祈福纳财的心理和追求，在特定的仪式和场合中，食物被按照规定的数量和组合方式排列，被赋予了特定的寓意，形成了杭州独特的饮食文化。

除夕夜，杭州人常常要祭祀，叩拜灶神、财神和祖先。祭品多有讲究，且富含象征意义。供品的数量、种类常常带有祈财、求顺、祝富贵的意愿。比如，除夕的餐桌上通常要备四样取意祈福、祈财的菜品：第一道叫“如意菜”，也叫“八宝菜”，是一道从绍兴流传过来的菜品，用黄豆芽（似如意）、白萝卜条（似银条）、胡萝卜条（似金条），加上黑木耳丝、笋丝、油豆腐小块等，和自制雪菜同炒，寓意八宝到齐、事事如意；第二道叫“钱包”，用千张把金针、木耳、豆腐干、冬笋丁包在里面，做成像春卷一样的千张包，寓意发财富贵；第三道叫“元宝”，用茨菇和自制腌菜煮成，茨菇的形状像元宝，所以也是过年必吃的菜；最后一样叫“路路通”，是用水芹菜、冬笋、黑木耳、豆腐干等炒制而成，因水芹菜中间空心且段段相连，被叫作“路路通”，象征来年万事亨通、吉祥如意。另外，桌子上还会摆放鱼圆、肉圆，寓意“团团圆圆”；用鲞煮肉，寓意“有想头”；用春饼裹肉丝，寓意“银包金丝”；还会蒸上一碗用糯米、莲子、豆沙等做成的甜品“八宝饭”，寓意来年福禄富贵；坚果会选用花生，寓意长生……年夜饭结束后，家家户户都要留一条鱼，摆放至大年初一，不可食用，象征“年年有余”。

祭祀供品有讲究，迎请财神前后的食物选择也有讲究，常以素食为主，特别是在游览寺院、烧香祈福后，人们总要吃一顿素食斋饭，接受慈悲护生的理念。据不完全统计，杭州的素食餐厅有两百余家，包含了自助餐、中式点餐、面点等多种形式，人均30元～600元不等，不仅分布在西湖寺庙周边一带，也出现在一些商场、旅游景点中，呈现愈来愈盛的状态。自2016年来，杭州市政府也提出了打造“东南素都”的城市新名片，并且开展了系列推进素食和素食文化发展的工作。

三、财神信俗对当代住宅习惯的影响

人们求福纳财的心理与追求，充分反映在春节敬祀财神的一系列民俗活动中。农历正月初五是财神日，这一天，人们为了抢先把财神请到自己家中，从零点便开始准备迎接财神，家家户户都要装饰住宅，贴对联、贴福字、张贴年画，希冀来年顺风顺水、财源广进、家宅安康。

打扫卫生是第一步，又叫“送穷神”，迎财神这天，家家户户都会进行一次大扫除，确保环境整洁、明亮。在百度搜索“正月初五”，即提示：宜打扫、房屋清洁、破屋、祭祀、治病、坏垣，如图3.1所示。讲究的人也会注意扫灰的方法，要从屋内往屋外扫，还要打开窗户，财神喜欢光顾干净、整洁的家，因此，清洁和整理是迎接财神的第一步。

经过艺术和技术处理的绿植，能为空间注入充满生机的自然气息，很多人认为摆放绿植除了能改善室内空间结构和生活环境，也有助于迎接财神的到来。例如，发财树、富贵竹等，都被冠上了“大吉大利、富贵吉祥、开运聚财”的寓意，体现了人们的求财寄托和心理追求。淘宝绿植热卖榜前三名，分别是驱蚊平安竹、富贵竹和水培荷花种子，如图3.2所示。除了荷花种子以淡粉色的花朵出圈，另两项都以平安富贵的寓意夺得大众的偏爱，点击富贵竹的页面，可以看到显眼的大字“富贵竹 转运竹”“大吉大利 富贵一生”，如图3.3所示。

在家中摆放财神像是一种常见的迎接财神的方式。特别是过年期间，财神像多会被张贴或悬挂在醒目的位置，有印刷制品，也有传统版画，图案内容丰富、大小不同，颜色多以喜庆的红色为主，样式不仅有传统财神形象，也有许多创新的国潮风财神造型，例如图3.4所示，虽然仍旧采用传统木刻年画制作工艺，但是用比剪刀手的可爱造型，增加了图案的亲和力和国潮感，更受年轻人的推崇。

在室内布置上，许多家庭和商铺都会选择一些象征财富和繁荣的吉祥物，例如，金蟾、招财猫、金元宝等。这些吉祥物不仅能够增添家居的美感，还有增强财运的寓意，受到大家的追捧。也有部分年轻人追求原木风、侘寂风的装修风格，嫌弃金色、红色的装饰过于突兀，与家居氛围不符，就会选择在家中摆放“木柴”，这是取“财”的谐音“柴”，祈求红红火火、财源广进，如图3.5。在淘宝装饰摆件热卖榜中，“乔迁之喜装饰木柴”近30天内热卖7200+件，居排行榜第四位，如图3.6所示。此外，还有一些家庭会摆放水晶、玉石，他们认为这些同样具有辟邪、招财的作用。

鱼因谐音“余”，在中国被赋予了“年年有余”的美好寓意，再加上许多人认为“水生财”，因此，在家中养鱼也被公认为一种招财的方法，但是讲究颇多，鱼缸摆放的位置很关键，鱼的种类也多有讲究：传统认知上的金鱼被称为“风水鱼”，让空间更有活力；锦鲤有招财、纳福的寓意，因此被认为可以旺财；银龙鱼身如刀，生性凶猛，具有挡煞的寓意，被人们认为具有偏财运道；七彩神仙鱼性格温和，人们认为，它可以调和人际关系、减弱阻碍、旺正财，俗话说“和气生财”。

如今，人们不仅在大年初五会刻意追求招财的家居布置，很多人从购置房产起，就会留意住宅的堪舆学。从生活状态上来说，一个干净的、整洁的、井井有条的、健康的、积极的、和睦的家庭，确实有利于工作和日常生活，是我们迎接好运的有力基础。

图 3.1

图 3.2

图 3.3

图 3.4

图 3.5

图 3.6

四、财神信俗对当代出行方式的影响

人们为了趋吉避凶，祈求平安、顺遂、富贵，对于出行时间、出行方式等的选择，都有一套约定俗成的理念，从古延续至今，有差异也有保留。

鲁迅先生在《彷徨·长明灯》中写道：“这屯上的居民是不大出行的，动一动就须查皇历，看那上面是否写着‘不宜出行’。”看皇历的出行习俗不仅在绍兴，在杭州乃至我国大部分地区都保留着，婚嫁、出行、开业、搬家等大事都要择吉日良辰。淘宝搜索“2024年新款皇历”，最高的一款累计付款数达10万+，皇历的封面以红色为主，图案以写实的文财神及福禄寿三星神居多，如图 4.1所示，内页插画多为版画，内容包含 “二十四节气”“吉凶宜忌”“冲煞”“合害”“纳音”“干支”“十二神”“值日”“生肖”“方位”等。上面除了汉字，还有英文、藏文等，如图4.2所示。查阅淘宝买家信息，皇历的买家以中青年买家为主，除了帮家里老人购买，也有许多年轻人带着自己的美好愿景，在商品的评论区中，表达了对“财富自由”的期待，如图 4.3所示。

由古至今，随着科学技术的不断发展，人们的出行方式也发生了翻天覆地的变化，据清代范祖述《杭俗遗风》载，清代咸同年间的“西湖香市”期间，杭、嘉、湖、苏、锡、常一带的蚕农，在清明前后，往往以村落为单位，成群结队，摇着船来到杭州祈福。领头的人称“香头”，所乘船只称“烧香船”。停泊在松木场一带的烧香船常有“千数之多”，长途跋涉期间，香客们还常常需要在烧香船上过夜。如今，火车、地铁、汽车等陆路交通工具越来越普及和迅速，成功地替代了水路交通工具。在12306上搜索从嘉兴前往杭州的火车，一天内有近160班车次，最早一班自早上4:42起，最晚至晚上9:54，平均每 7 分钟左右就有一班，最快的班次 23 分钟即可到达杭州东。杭州地铁也越来越四通八达，自2012年11月24日试运营至今，已开通了12条线路，通车里程达到516 千米，车站数量有254站，其中，在西湖景区周边有6个地铁站，周边还开通了西湖景区公交接驳线，方便香客与游客出行。公共交通工具的不断便捷与私家车的不断普及，彻底改变了人们上香祈福的出行方式，使大家拥有了更便捷、更高效的选择。

人们对于财富的祈求，也常常体现在交通工具的装饰和布置上，在淘宝上搜索“车饰”，即会出现大量与财神、元宝等相关的元素，如图4.4所示，包括五路财神车挂、卡通形象的财神爷车载摆件、财神车衣等，体现了出入平安、锦鲤随身的信念和追求。

财神形象是中华传统文化的切实体现，在历时几千年的社会变迁中，映现出了中华民族大众的内心需求，影响了民众生活的方方面面。在财神文化刚刚起源的时候，人们看到正财神想到的便是保佑来年经商、求财顺顺利利；后随着生产水平的提高，财神信俗慢慢发展成纵横交错的体系，财神形象也在原有的基础上通过象征、夸张、对比等手法被加入了地域特色、民间谚语、神话故事等元素。人们会因为自己的祈愿不同，而选择不同形象的财神瞻拜，所以财神对人们产生了强烈的情感共鸣，它作为一种寄托，反映了某个时期人们对于生活的向往，同时也是一种民间信仰的反应，具有特殊的社会意义和艺术价值，是我国先民们的集体智慧结晶，是敬畏自然的表现，更是人们精神世界的展露。

图 4.1

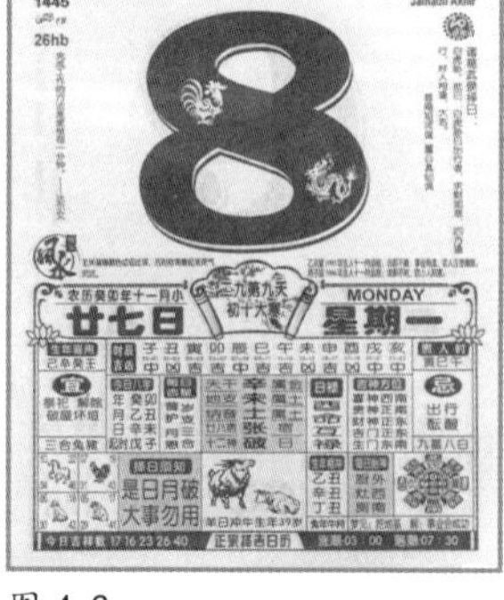
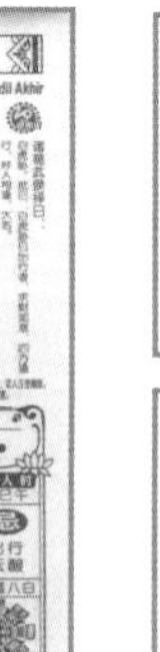

图 4.2

图 4.3

图 4.4

以财神信俗为例，浅谈非遗项目的跨文化传承与国际化传播

沈晓武
旅欧诗人、跨文化学者、HomeChina 欧洲中国故乡发展基金创始人、德国法兰克福中侨资本集团董事总经理、欧洲侨商联合会常务执行会长兼秘书长

摘要：作为中华优秀传统文化的重要组成部分，中国非物质文化遗产（下称“非遗”）是中华文明绵延传承的生动见证，是连结民族情感、维系国家统一的重要基础。保护、传承和传播好非遗，对于延续历史文脉、坚定文化自信、推动文明交流互鉴具有重要意义。当下，以非遗为主要内容的中外人文交流已成为国际交流的热点和潮流。撷取“民间信俗”这一朵小小的非遗浪花，以杭州灵顺寺的财神信俗为非遗依托，从跨文化传承和国际化传播两个方面进行比对，尝试为中国非遗走出去拓展一条人文蓝海小径。

关键词：杭州灵顺寺；民间财神信俗；人文交流；跨文化传承；国际化传播

一、概念阐述

（一）关于跨文化

1. 跨文化理论。跨文化（Cross-Cultural）指的是在两个或多个不同的文化之间交流和互动的情况。在中国，跨文化理论诞生于20世纪与21世纪之交，是在文化现代性进程其忽视文化异质性的副作用日益显露时问世的，它致力于探究此前被文化共同性幻象所压抑的文化异质性如何在文化现代性进程中一直存在并发挥特定的作用。跨文化是一个广泛的概念，涵盖了许多不同的领域，例如跨国企业、跨国婚姻、国际旅游和移民等。对跨文化的理解可以从跨文化意识、跨文化传播和跨文化交流三个方面进行。

2. 跨文化交际和传播。跨文化交际和传播的研究旨趣不仅指向不同文化背景中的个人、群体、组织、国家之间交往的特点和规律，不同文化之间的意义阐释和理解，人类文化的创造、变迁和分野的进程，还涉及文化与民族心理的差异，跨文化语言应用研究，文化冲突与解决途径，技术发展对文化的影响，文化的延续和变迁，传播的控制和管理，民族文化自立与发展等诸多方面。[1]这里的跨文化传播指的是处于不同文化背景的社会成员之间的人际交往与信息传播活动，也涉及各种文化要素在全球社会中迁移、扩散、变动的过程，及其对不同群体、文化、国家乃至人类共同体的影响。跨文化交际可以简单地定义为不同文化间人们的交流。文化的不同方面决定了交流行为的不同方式，同时也指导人们如何交流，因此，倘若我们在推动非遗走出去的过程中，不能理解其他文化中人们的思维，那么针对非遗的国际交流与传播便可能会失败。

3. 文化即传播。跨文化传播研究起源于文化人类学。跨文化传播研究之父爱德华·霍尔提出“文化即传播”的观点，并出版《无声的语言》一书，标志着跨文化传播成为一门独立的学科。理解不同文化的价值观是重要且必要的，在非遗走出去的过程当中，我们要对基于不同传统文化产生的有差异或冲突的现象、风俗、习惯等有充分正确的认识，接受系统化跨文化能力的培训，并在此基础上以包容的态度适应并制定相应对策。

图 1 爱德华·霍尔《无声的语言》

[1] 胡文仲 . 跨文化交际学概论 [M]. 北京：外语教学与研究出版社，2006.

（二）关于民间信俗

1. 民间信俗又称“俗信”。是人们在长期生产生活过程中形成的一种约定俗成的传统理念，在这种理念的支配下，民众会对某种民俗现象产生心理和行为认同。传统民间信仰崇拜的神灵是信俗产生的一个重要源头，祈福避害则是传统信俗传承不断的内在原因，各种民俗文化表现形式的集合构成了民间信俗的文化空间。

2. 财神信俗是民间信俗的一种。财神是中国传统文化中主管财源的信仰。从财神信仰来源划分主要有道教、佛教、民间信仰三种；从财神类型来说，有文财神、武财神；从财神地位来说，又有正财神、偏财神、准财神之别。

3. 财神信俗亦是海外华人社团主要的非遗传承项目。

在中国传统文化中，财神不是某一位神，而是一个象征财富的符号，是以财神信仰为基础形成的庞杂的财神谱系，反映了不同阶层、不同领域、不同时代、不同地区、不同行业的人在财神身上寄托的财富思想。财神是一个吉祥符号，人们希望得到财神的保护，又希望能致富以提高生活水平；同时财神信俗也是对公平、公正等品德的宣扬；也是对“礼”和“利”“益”和“义”等价值观念的平衡。作为民间信俗的财神信俗，还源于人们对古代品德高尚的商人的崇拜。如“端木遗风”，指孔子学生子贡遗留下来的诚信经商之风，据说子贡复姓端木，孔子周游列国，就是他赞助的。子贡经商，讲究诚信，“君子爱财，取之有道”，他还用赚取的钱财帮助别人。

目前，海外侨胞总数逾 6000 万，分布在世界近200个国家和地区。[2] 来自五湖四海的侨胞，无论在海外生活多久，经过多少次繁衍，源自祖籍的民间信俗都不会改变，这些信俗中最受推崇的就是财神信俗。无论是中餐馆玄关处的招财猫，还是唐人街节庆花车上的财神老爷等财神信俗符号，都标志着对东方古老传统文化的最美传承，尽管有时候这些符号会带上所谓异国他乡的跨文化特征。

（三）财神信俗非遗海外跨文化传承和传播

1. 文化即是交流，交流即是文化。前文说过，爱德华・霍尔的跨文化传播经典理论之一是“文化即传播”，其实这与他所提出的“文化即是交流，交流即是文化”是一脉相承的。在他另一本著作《超越文化》中，有一个概念叫“迁移延伸”，意即人类发明的一切工具，甚至语言、文化都是人体的延伸。这与麦克卢汉“媒介即人的延伸”的概念很像，不过“迁移延伸”包容性更大。由此，文化其实也是一种工具，是思想、理念、意识等外化而固定成的一种模式，我们在研究文化时，就是在研究交流，也就是在研究人本身。

2. 在跨文化语境下，传承即传播。很明显，海外侨胞在经历了文化断层与再生长之后，尤其是在有新生代新侨的背景下，往往会在一种相对于驻在国

---

[2] 数据来源于 2023 年 4 月 24 日，第十四届全国人民代表大会《国务院关于新时代侨务工作情况的报告》。

而言的亚文化情境中游刃有余。这得益于一种跨文化意识与能力的养成，尤其是在跨文化的语境下，自觉地把对祖籍国传统文化的传承变成了一种交流与传播的过程。所以从这个意义上我们可以说，非遗文化走出去，经过海外华人华侨所形成的或大或小的华人社团的桥梁作用下，跨文化传承的同时亦实现了国际化交流与传播，意即中外人文交流。关于这一点，我们先展开几个有趣的财神信俗相关例子来比对一下。

二、以财神与财神信俗为例

（一）西方的财神和财神信俗

财神爷在中国人心目中地位很高。在我们的生活日常中，很多虔诚者除了早晚烧高香，心中还要常常惦念、祈福，希望财神保佑自己发财。然而很多朋友会问，西方有财神爷和财神信俗吗？那么，现在我和大家一起来扒一扒西方的财神爷及其信俗文化渊源。

1. 西方财神溯源

看着下图的群像，您也许会有点发蒙。这是西方财神？而且是群像？答案是肯定的。溯源西方文明的鼻祖古希腊和古罗马的图文史料，我们发现了西方不但有财神，而且和我们东方的中国财神一样，不止一位，传至现今西方生活中的至少有十几位。在古希腊，人们对财富持怀疑态度：人们认为赚钱比赢得好名声要容易得多。在古希腊神话中，经常有这样的情况：一个穷平民统治着一个在希腊人中没有权威和声望的富裕贵族。在希腊成为经济发达国家之前，他们优先发展非物质领域：医学、哲学、科学和体育。后来，农业、手工业和贸易得到积极发展。就在那时，古希腊的财富、生育和贸易之神如得墨忒耳、赫尔墨斯和普鲁图斯等，登上了万神殿的顶端。

图 2 古罗马财神群像

笔者根据德语版本资源，溯源整理现今还具有影响力的几位，以飨各位：

(1) 得墨忒耳。得墨忒耳是希腊最有影响力和最受尊敬的女神之一。她是象征财富和生育的女神。为了纪念她，希腊各地都会举行庆祝活动，尤其是在播种和收获的几个月里。人们相信，没有得墨忒耳的帮助和意志，就不会有收成：农民向她寻求帮助和祈求谷物，妇女要求生育能力。一个有趣的现象是，荷马很少关注这位女神，她几乎总是处于更强大的神的阴影下。因此，在古希腊的早期，其他致富方法盛行。后来农业脱颖而出并转向畜牧业，而女神向农民承诺了相关的天气条件和丰收，因此得到了更多的关注。得墨忒耳是克洛诺斯和瑞亚的女儿，她的兄弟是强大的哈得斯、波塞冬和宙斯。得墨忒耳与她的兄弟们关系很奇怪：她不喜欢波塞冬，憎恨哈得斯与宙斯女儿珀耳塞福涅。

图 3 得墨忒耳——古希腊的财富和生育之神

(2) 赫尔墨斯。在荷马时代，他成为众神之间的调解人。当时，他的凉鞋和头盔上有翅膀，可以快速移动并执行各种任务。他还有一根双蛇杖，可用来解决冲突和争端。随着农业的发展，他成为谷物的守护神，后来，当市场关系积极发展时，他又成为贸易之神和商人的守护神。

据说是赫尔墨斯给了希腊人数字并教他们数数。在此之前，人们通过眼睛看数量来支付，而不太注意金额。后来，赫尔墨斯甚至成了盗贼的赞助人。当罗马人征服希腊时，他们借用了赫尔墨斯神，并给他改名为墨丘利。他们拥有了这位掌管财富、贸易和利润之神。

(3) 普鲁图斯。在现在西方主流的认知里，普鲁图斯是财富之神。随着他的出现，“金钱”这样的概念变得流行起来。古希腊神话里，普鲁图斯是得墨忒耳和伊阿宋的儿子，由和平女神厄瑞涅抚养长大。现在人们认为，财富之神普鲁图斯是盲人，他给予人们财富时，无视他们的外部数据或社会地位。这就是为什么物质层面的运气降临可以不分坏人和好人。

(4) 黄金财富之神米达斯。在古希腊神话中，米达斯是弗里吉亚的国王。

从孩提时代起，他就知道自己将成为一个富有影响力的人。一日，酒神狄俄尼索斯的老师西勒诺斯醉酒迷路，误与米达斯相遇。米达斯照顾了他一段时间，并把他送去狄俄尼索斯身边。

快乐的狄俄尼索斯邀请米达斯许愿。米达斯希望他的手所触及的一切都会变成金子。狄俄尼索斯答应了他的请求，米达斯得到了“点金术”。

图4 普鲁图斯，古希腊财富之神

图5 米达斯，黄金财富之神

在我们这个时代，“米达斯的触摸”一词意味着能够快速赚钱并在所有努力中取得成功。

(5) 聚宝盆。最后要提一下的是，古希腊与古罗马还有一个不是人而是物的财神——聚宝盆。它是无尽财富的象征，源自古希腊的神话。据说，有只母山羊用它的奶喂养了小宙斯，一次游戏中，羊角被折断了一支，这只断角能源源不断生出食物。这就是所谓的“聚宝盆”。在艺术作品中，聚宝盆由一个倒置的符号表示，由各种孔喷发水果和蔬菜，有时是硬币。大多数情况下，聚宝盆被掌握在财富之神——普鲁图斯的手中。这个符号也会出现在正义女神——忒弥斯的雕塑上。在古希腊，铸造的硬币代表了山羊的另一边角，这是为了吸引新的资金并帮助人们保住财产，而从西方的中世纪开始至今，聚宝盆变成了圣杯，它是永生和财富的象征。

2. 西方财神信俗现状

从跨文化比对交际的方法论来看，相对于东方的中国财神信俗来看，西方世界对于以上溯源的古希腊、古罗马财神的信仰没有成体系的信俗传承，或者说演变成了一种融入现代商业和日常生活之中的可现实利用的转化式传承。比如说蜚声世界的德国十月啤酒节，其真正起源即祈福求财的“日耳曼丰收采摘感恩节”。严格来说，它就是德国对财神信俗的一种日常转化式传承。世代口碑相传加上现代文旅业的加持，使得敬奉财神爷的日耳曼财神信俗变得实用而浪漫，更让参与者尤其是异国游客欣喜万分。同理，在英国、法国、荷兰等一众欧洲国家中，如珍珠般散落着各自的包括财神信俗的民间习俗，如起源于中欧的圣诞市场等。

图 6 德国丰收采摘感恩节

（二）东学西渐的财神是只猫

如前所述，财神爷在中国人心目中地位很高。然而说起作为非遗的财神信俗项目，却未必人人都知晓和个中奥妙。国内如此，那么中国的财神爷在西方比如德国过得如何呢？我们一起来看看。

1. 祖宗传下来的财神爷得藏起来。相对于大部分欧洲国家的财神爷来说，中国人尤其是海外华人社团所信仰的财神爷得藏起来供着。这与我们在传统文化影响下的财富观或者说文化意识有关。例如传说在海外中餐馆中有三宝：金鱼缸、招财猫和财神爷神龛。前两者都在门口笑脸相迎，后者却被藏在老板的办公室里，哪怕是地方原因导致神龛不得不在客人能看到的所在，也得紧靠着老板结账的身后——所谓财不露相。财神爷更是如此。

2. 中国人的财神爷是只猫。为了写本文，笔者特地对一位德国好朋友巴塞罗那做了一个交谈式采访。当我询问他怎么看待我所介绍的中国财神爷和财神信俗时，巴塞罗那先生罕见地插了一句话，他笑嘻嘻地对我说：“我觉得，你们中国人的财神爷是一只猫。”说着他还像模像样地喵了几声。原来，他因为喜欢中国文化而经常去中餐馆，而几乎所有的中餐馆一进门就有那只猫——永远似笑非笑地招着手的金色大猫。他还在唐人街节日的花车游行时看见了巨型招财猫。后来，当他得知这只猫可以带来财富与好运时，他和家人渐渐接受并爱上了它。难怪他的家里到处都是招财猫呢！

3. 招财猫不是日本猫。国内到处有人在说，招财猫起源于日本京都，所有的单手举臂在摇动的都是日本猫。其实，海外华人根本不关注这一点。一方

图 7 海外中餐馆的招财猫

面，对于自己的传统文化侨胞心中有数，但凡东亚人的日常习俗都和我们的传统文化有关；另一方面，民间信俗到了一个新的文化环境之后，往往会被加入很多新的元素。事实上，德国人把好多东南亚人开的餐馆都叫作中餐馆，不过泰餐馆这几年的品牌发展很见成效。

综上，海外华人、华侨相信招财猫是中国的，至少是源于中华传统文化。如果中国的财神信俗非遗能更迅速和有效地出海，那么中餐馆里的财神信俗就更成体系，更富足。

三、非遗出海建议

作为中华传统文化一部分的非遗，在海外跨文化语境下的传承即同于传播，而在海外华社人的世界里，他们在工作生活中的跨文化交际就是一种保护和传承。

另外特别要提到的一点是，在德国，国家和非遗专业部门为人们传承和传播非遗创造了最大限度的便利条件。比如在儿童时期就已经开始了解和学习非物质文化遗产，几乎所有博物馆、图书馆、科技馆、文化馆等都会推广非遗的相关知识。在成年人群体中，则形成了以文化创意从业人员为中心的专业队伍，并且在利用电子化手段推广非遗项目上，坚持全民参与理念。我国在非遗保护问题上，需要从儿童教育方面入手，让孩子从小树立保护非物质文化遗产的意识；在成年人中间培养专业化队伍，创新非物质文化遗产保护方式，并使其得到推广；充分利用博物馆、文化馆等各种场所，让全民参与其中，培养全民对非物质文化遗产的保护意识，保障非物质文化遗产的传承和发展。

图 8 融合中德传统文化的春节倒计时日历，2018 年在德国莱茵河畔的杜塞尔多夫市推出

以下是几点关于非遗出海相关的建设性意见：

1. 坚定非遗出海的勇敢之心。无论从我们非遗发展和传播的现实需求，还是从海外华人社团的诉求来看，中国非遗出海，以及优秀非遗传承人走出去，在海外特别是华人社区进行面对面的交流和传承，都是备受欢迎和功在千秋的大好事、大善事。

2. 海外华人社团是非遗出海的天然桥梁。本文所提的海外华人社团，除了传统意义上的侨团之外，还包括学界、海外中资企业等国家和民间派驻机构，这些资源都是我们非遗走出去的天然桥梁和港湾。在这里，以侨引外，传播即传承。

3. 注重民间口碑相传和人人非遗。在海外，英雄不问出处。每一位侨胞都是一座独立和完整的文化岛屿。非遗出海要把这一座座“文化孤岛”连接成“人文岛链”，倡导人人非遗、品质人文。

4. 创建海外非遗研习所。非遗出海和跨文化落地需要进行体系化培训，在顶层建设、队伍建设、跨文化意识与能力培训等方面，可以充分利用国内外特别的海侨资源。培训可分国内与海外两部分，总体可以以非遗研习所或者非遗传习中心的形式落地。我们在欧洲设立的HomeChina欧洲中国故乡发展基金很愿意为此略尽绵薄之力。

5. 人文相亲的关键在于关怀细节。按照笔者二十多年以来人文交流的经验，以往国内项目出海往往都是运动式的，比较粗放。明明是很好、很精致乃至很受欢迎的内容，却因为太注重政绩或者行程而挂一漏万，结果令人扼腕叹息。因此，在凝聚了传统文化精华的非遗出海项目上，准备工作一定要做足，时间提前量一定要足，在合作伙伴选择和落地程序设计上一定要上心。唯如此，才能实现目标，皆大欢喜。

综上所述，非遗是世界各国优秀传统文化的重要组成部分，对我们来说，是中华文明绵延的生动见证，是连结民族情感、维系国家统一的重要基础。非遗出海，是要在跨文化的语境下，把保护、传承和传播融为一体，充分利用已有的如“一带一路”、新媒体、人工智能等资源，以培养非遗意识、能力为途径，坚定文化自信、倡导人文相亲，并以非遗为媒，打造中外文明相互交流、和谐共生的文化图景，从而真正实现建立人类命运共同体的伟大理念与愿景！

财神信俗与海上丝绸之路论

曹一青
海峡两岸文化交流中心讲师

摘要：坐落于中国东南部的杭州，自古以来就是繁华的商贸中心，历史的沉淀赋予了这座城市独特的地理与文化背景。宋代杭州为何能在文化、宗教与经济交融中发展成为世界贸易中心暨中国海上丝绸之路的起点？它为何能成为世界级的贸易港口以及财富和财神信仰的中心？以灵顺寺为代表的佛教、儒教、道教及财神信仰如何影响了杭州乃至海外商人的信仰习俗？

关键词：灵顺寺；海上丝绸之路；财神；非遗

第一章：宋室南迁与南北文化经济的交融

公元1127年，北宋灭亡，宋室南迁至杭州，定都临安，此历史事件为杭州带来了前所未有的机遇。南迁的宫廷及随行的北方士人，将北方的文化、艺术与技艺带到了杭州，与南方文化碰撞融合，促进了当地经济的繁荣。南宋时期的杭州因此成为财富与文化的集散地，“天下财神尽归临安行在”，不仅是一句流传千古的赞叹，更是对当时杭州经济地位的真实写照。五路财神中，财神文化都以“中原内陆系”为中心，也就是以中原财神文化为主，即五路财神都是中原内陆文化体系，我们称之为“中原内陆系财神”。

中原内陆系财神之一：财神真君赵公明。赵公明被公认为华夏第一正财神。相传，赵公明姓赵名朗，字公明，出生、羽化都在终南山下陕西省西安市周至县集贤镇赵代村。赵公明财神神像多为黑面浓须，骑黑虎，一手执银鞭，一手持元宝，全副戎装。《封神演义》中有姜子牙封神一节，他封赵公明为“金龙如意正一龙虎玄坛真君”，率领招宝天尊、纳珍天尊、招财使者和利市仙官，统管人世间一切金银财宝。

中原内陆系财神之二：关羽。关羽，字云长，河东解县（今山西运城西南）人，三国蜀国名将，亦称“关圣帝君”，简称“关帝”，本为道教的护法四帅之一，后道教主要将他作为财神来供奉。其职能除了治病除灾、驱邪辟恶、诛罚叛逆、巡察冥司，还有司命禄、庇护商贾、招财进宝，又因其忠义，被奉为财神。关公被商人奉为财神的原因主要有三个说法：一是关公生前十分善于理财，长于会计业务，曾设笔记法，发明日清簿，这种计算方法设有原、收、出、存四项，非常详明清楚，后世商人公认其为会计专才，所以奉其为商业神；二是商人谈生意做买卖，最重义气和信用，关公信义俱全，故尊奉之；三是传说关公逝后真神常回助战，取得胜利，商人就是希望有朝一日自己生意受挫时，能像关公一样，来日东山再起，争取最后成功。关公信仰在清代为各行各业所接受，人们对其顶礼膜拜尤盛。近代江湖上的哥老会、青红帮特别敬奉关帝。江湖上弟兄结义，必于关帝前顶礼膜拜、焚香立誓，以守信义。

中原内陆系财神之三：比干是汉族民间信仰的一位财神。比干心地纯正、不偏不倚，再加上“财帛无心，有德斯昌”，所以人们尊比干为文财神。中国古代著名忠臣，被誉为“亘古第一忠臣”。

中原内陆系财神之四：陶朱公范蠡。范蠡，字少伯，汉族，春秋时期楚国宛（今河南省南阳市）人，著名的政治家、军事家和经济学家，被后人尊称为“商圣”，“南阳五圣”之一。他出身虽贫贱，但是博学多才，与楚宛令文种相识，两人相交甚深，因不满当时楚国政治黑暗、非贵族不得入仕而一起投奔越国，辅佐越王勾践。传说他帮助勾践兴越国、灭吴国，一雪会稽之耻。他功成名就之后激流勇退，化名为鸱夷子皮，西出姑苏，泛一叶扁舟于五湖之中，遨游于七十二峰之间。其间他三次经商成巨富，又三散家财。世人誉之：“忠以为国，智以保身，商以致富，成名天下。”后代许多生意人皆供奉他的塑像，称之为财神。他被视为顺阳范氏之先祖。

一身布衣，范蠡第三次迁徙至定陶（今山东菏泽市定陶区西北）。在这个居于“天下之中”的最佳经商之地，他“操计然之术以治产”，没出几年，经商积资又成巨富，自号陶朱公，被当地民众尊为财神。他乃中国道德经商——儒商之鼻祖，堪称历史上弃政从商的鼻祖和开创个人致富纪录的典范。《史记》中载“累十九年三致金，财聚巨万” 。

中原内陆系财神之五：财帛星君李诡祖。李诡祖乃今山东淄博市一带的人，是中国民间信仰的一位财神，属于文财神，又称增福相公、增福财神、福善平施公，传说李诡祖的生日是九月十七。孝文帝时李诡祖任曲梁（今河北省邯郸市区）县令，清廉爱民，去世后人们立祠祭祀。他在唐明宗天成元年（926 年）被赐封“神君增福相公”，元代被赐封“福善平施公”。曲周有祭祀李诡祖的“增福庙”和李相公墓。供奉财帛星君寄托了中国劳动人民一种祛邪、避灾、祈福的美好愿望。

综上所述，我们看到了在南宋之前五路财神都来自中原内陆，而海派的财神、密宗佛教的密宗财神、民间的财神等在南宋时期开始流行起来，这和宋室南渡，政治、经济、文化等中心转移到东南部相关。而东南部相对地域狭小，人口众多，特别是临安行在（杭州）人（在籍人口多达一百五十万左右），还有不在籍的商人。北方大家族暨贵族等的财力、物力、人力跟着赵氏一起到来，南方一时工商、餐饮、手工业极度繁华。除了北部敌对政权辽、西夏、金、蒙古等抗拒开发贸易外，南部的大理、西部的茶马古道一直很是兴旺。南宋时期宋对马的需求增加，北方民族转口贸易（通过藏族聚集区区和大理进口丝绸、茶叶和瓷器，还有工艺精湛的家用铜铁器）盛行。密宗和小乘佛教也在南宋时期有影响，以罗汉为主体的石刻就是在杭州开始的，如杭州石屋洞的五百罗汉、杭州烟霞洞的十六罗汉等。民间性很强的“偏财神”也开始流行起来，偏财神是指五路神、五显神、五通神，还有得道成仙的刘海蟾、福禄寿三星、掠刷神等，老百姓身边的喜闻乐见的财神都出现了。那么民间普遍信仰的财神是谁呢？就是华光，又称灵官马元帅、华光天王、华光大帝、三眼灵光、马天君等，系道教护法四帅之一。他是神话传说中的火神，民间普遍信仰的神明，是旧时搭棚业、陶瓷业、武师业从业者所崇拜的行业神祇。相传他本名姓马名灵耀，因生有三只眼，故在民间又称“马王爷三只眼”。而杭州最早的华光庙就在北高峰，即位于杭州北高峰顶的灵顺寺。灵顺寺创建于公元 326 年（东晋咸和年间），已有 1600 多年的历史，是杭州最早的名刹，为印度高僧慧理和尚在杭州所建五灵之一。北宋初，寺庙因供奉了“五显财神”始称“财神庙”。南宋时，各路财神包括海派财神（观音和她的善财童子、海上仙山的福禄寿等）、佛教中的弥勒布袋和尚财神，都放在了北高峰上。到了元代，密宗佛教的财神（北方多闻天王、吉祥天女等）也被放到了杭州北高峰。到了明代，寺庙因设殿别名“华光”故称“华光庙”。江南才子徐渭登山游寺留下的“天下第一财神”墨宝，被刻匾存于寺内至今。现存大殿为明末清初所建，规模宏伟，堪称华夏财神庙之最。

那么为何“北高峰”在南宋开始那么受人欢迎呢？杭州原来是一片沧海桑田，一个轮回就是几千年，大约在5000年～6000年前，杭州在森林繁茂和水草丰沛的良渚上产生，是人类最早文明起源之一，开始有了国的概念，出现了城市、水利工程、先进的农耕文明和最早的人工水稻栽培，还有当时最先进的手工工艺技术。很可惜海平面上升，良渚文明被淹没在海底，漫长的岁月里，只有北高峰（海拔313.7米）露出一个头，远望就像一座灯塔，且连着会稽山脉，所以后来第一位来到这里的人选择在这里登陆，他就是带领大家一起治水的先贤大禹。相传大禹到会稽（今浙江省绍兴市）赴诸侯大会，在此“舍航（杭）登陆”，因称“禹杭”，后来讹传成“余杭”。之后又有一人选择在这里登陆，据《史记·秦始皇本纪》载，公元前210年，秦始皇率船队从咸阳出发，当到达钱塘江边时，见水急浪大，一时不能过去，看到有座山峰，就以这座山峰为参考，命令船队开过去，到宝石山（海拔78米）的南岸去躲避风浪，并将皇船系缆于一块巨石上。后人便将此石称为“秦始皇缆船石”，而这时候航行的参考就是“北高峰”。1127年～1131年宋高宗南逃，回来也是以北高峰作为参考目标，在绍兴暂停，并在南北高峰的中间的凤凰山上建宫殿，代表安全有靠山。双峰插云，远望犹如椅背，南高峰（海拔257米）连着吴山（海拔74米）代表“军权”，北高峰连着宝石山代表“财权”，这两“权”犹如两个扶手。中间的凤凰山（海拔178米）代表“神权（皇权）”。西湖犹如聚宝盆，运河犹如发财树的根，内陆财富、税收源源不断聚来；钱塘江像发财树的枝叶，交换和吸收海外财富；北高峰更像吸金石，千帆万舟尽归天下第一财神殿，各行各业尽归临安行在的中心点，天下财神尽归临安北高峰。

第二章：海外贸易与海上丝绸之路

杭州的繁荣和财富与海上丝绸之路的发展密不可分。南宋时期，杭州成为海上丝绸之路的重要港口。京杭大运河打通了杭州内外水运的“任督二脉”：向北，大运河串联起江南与中原；向东，浙东运河连接起杭州与明州港（宁波）；向南，又借助仙霞古道等通道，将泉州港纳入水陆转运体系。杭州从三个方向串联起了内河航运与海上贸易，这就让杭州成为众多市舶司港口城市中最为独特也无可取代的存在。当年世界互联网大会永久会址确定在乌镇，在回答中外记者为何选择乌镇的提问时，马云回答道：“历史底蕴深厚，经济非常发达，空中俯视运河河道，纵横交错、密如丝网，千年以来互通南北、互联东西、互融内外经济脉络，汇聚后到达杭州钱塘江通向世界各地。”“千里迢迢来杭州，半为西湖半为绸。”杭州，一座“不靠海”的城市，竟然是历史上“海上丝绸之路”的重要港口之一。丝绸、茶叶、瓷器，这是“海上丝绸之路”上最能代表中国的三种商品了，而这三种商品，都属于杭州的优势产业。

先说丝绸，据《梦粱录》《武林旧事》《咸淳临安志》等典籍记载，南宋时期，杭州城内的工商业有三四百个行当，与“穿衣”相关的就有数十个，其中以丝织业最为发达。杭州生产的丝织品有绫、罗、锦、缎、杜缂、鹿胎、纻丝、纱、绢、绵、䌷等十多个大类品种，远销海内外，“丝绸之府”逐渐名闻天下。

径山茶、长兴的顾渚紫笋茶等畅销和茶道习俗一同传播，因此带动了瓷器的畅销。

经过晚唐及吴越的积累，传统制瓷工艺在宋代突飞猛进。南宋瓷器代表了当时中国瓷器的最高水平，成为“海上丝绸之路”瓷器销售的主力。杭州发掘并保护的天目窑遗址群，就曾是用以海上贸易的外销瓷生产基地。这里生产的瓷器从杭州出海，远销海外。

通过“海上丝绸之路”出去的“杭州制造”，还包括了漆器、书籍、乐器、佛像，以及祭拜仪式等。如今收藏于日本的众多漆器珍品，大都来自南宋时期的杭州。

海外贸易的兴起带来了文化的多元化。阿拉伯商人、波斯商队等纷至沓来，杭州因此成为一个国际化的都市。贸易所带来的文化交流，促使杭州的商人开始尝试新的商业模式与创新技术，这种创新精神在财神信仰中得到了体现，商人们开始祈求财神赐予他们智慧与财富。据《诸蕃志》明文记载：共计有 58 个国家同南宋政权有着贸易往来，这之中除去丝绸之路沿途国家外，有 20 多个国家与南宋进行海上贸易。其中主要的国家就有三佛齐国、阇婆国和渤泥国等。南宋的海上通道甚至一路直达非洲东海岸。与此同时，两宋高度发展的手工业也为海上贸易提供了源源不断的商品。

经考古发现，两宋的海上贸易商品种类奇多，包含有矿产、木料、香料、食品、丝绸、瓷器、文化用具、茶叶、金属等各式各样的产品。

南宋出产的商品不仅种类繁多，价钱也十分公道，可以满足不同国家、不同市场的需求。宋朝自宋太祖赵匡胤开宝四年起，相继在广州、泉州等地设立多个市舶司。

南宋杭州的市舶司在城北余杭门附近，紧靠天宗水门和余杭水门。两座水门外就是大运河。市舶收入成为两宋重要的财税来源之一。

朝廷甚至用经济指标对市舶司的官员进行年度考核，因此市舶司的官员想尽办法鼓励民间海上贸易，并与时俱进、因地制宜出台了一系列奖励措施。

两宋朝廷从中获得红利后，进一步推动海外贸易的繁荣，为此朝廷不惜四处打广告开展“招商引资”。

凡是到中国进行贸易的国外商人，不仅在衣食住行上有优待政策，甚至有的人还会被朝廷赠予礼品及官职。如此开明的政策自然吸引了万邦来朝。同时，为了满足贸易的开展，宋人开始使用人类历史上最早的纸币——“交子”，同时传统的铜钱、刀币等逐渐被市场淘汰，取而代之的是白银作为硬通货在民间流转。两宋就此成为当时世界的财富中心，是名副其实的白银帝国。

值得一提的是，真正驱动宋人锐意进取开展对外贸易的内因，主要还是其繁荣的内部经济。

宋朝的繁荣，根源在于宋人开始逐渐摆脱对小农经济的过度依赖。宋朝人均 GDP 较高，是中国历史上最富有的朝代。同时财神信仰实现最大的兼容，海派系与内陆系财神就这样在南宋临安“北高峰”聚集。世界的财富尽归临安行在。

第三章：经济为中心的信仰体系

中国特有的财神信仰在临安行在迅速传播，内陆系、海派系财神共同与当地的儒释道文化相融合。

譬如深谙宋朝美学的俊芿弟子湛海一生五度入宋，却在往来漂泊间遭遇海难，亲眼目睹无数同门葬身大海。恰闻宁波当地素有观音护佑航海安全之信仰，于是他将日本木材运往明州（现浙江省宁波市），请当地佛师雕刻了“杨贵妃观音”圣像请往日本，供奉于泉涌寺内。

杭州慧因高丽寺因为在北宋时有一段中韩佛教交流的佳话而从过去的慧因寺改称现名。在北宋时代，朝鲜半岛被称为高丽，而佛教是高丽的国教。

还有在东南亚泰国、缅甸等这些国家的佛教财神信俗上都有我们宋代的痕迹，譬如妈祖、关公、观音等。东南亚国家与中国进行十分广泛而频繁的经济文化和佛教交流。宋太宗太平兴国二年（977 年），渤泥国（现文莱）遣使节至中国贡送方物；宋真宗咸平六年（1003 年）九月，蒲端国（今菲律宾班乃岛西部之武端）首次派使节访问宋廷并朝贡；宋徽宗崇宁二年（1103 年），罗斛国(在今泰国中部华富里一带)首次派使节访问中国并朝贡;崇宁五年(1106 年），蒲甘（今缅甸）王遣使入宋朝贡。

据《宋史》《宋会要》不完全统计，仅三佛齐（今属印度尼西亚）就向宋朝派出了外交使节 30 多次。频繁的双边往来，加速了东南亚诸国由蛮荒向文明跨越的进程。由于对中国朝贡不绝，他们长期地接受了汉文化的洗礼，移风易俗，渐染华风，如老挝民族开始沿用干支纪年法、书写汉字，蒲甘王朝所建的佛塔开始采用中国式的横门。而真腊（今柬埔寨）更是蛮荒之气渐消，男女开始穿衫围布，并终于“非复裸国矣”，盛饭也用中国的瓦盘或铜盘。光阴飞转，千百年过去了，但宋代文明南传的遗迹并未被湮没，1882 年新加坡皇家山出土了北宋时代的铜钱和瓷器碎片，就是历史的见证。

宋朝形成了以经济为中心的信仰体系。财神庙成为商人们进行交流与祈祷的场所，财神信仰不仅体现了个人对财富的祈求，更是体现了国民对经济发展和商业繁荣的重视。财神信仰对杭州商业活动的影响深远，它鼓励发扬商业精神与创新，成为推动经济发展的重要力量。祈求财神数量之众多、仪式种类之繁杂、信仰之虔诚，在南宋达到顶峰。从官家到官吏，从军队到百姓都喜欢做买卖，以信仰财神为主题，所有的神佛祖先都可以是保佑发财的神仙，如佛菩萨、弥勒布袋和尚财神、观世音菩萨、善财童子、灶王爷、监斋菩萨等等。以经济为中心，财神为中心，天下第一财神庙为中心，纵横交错的内陆运河为临安输送财富，全世界的船在大海中向临安前行，过钱塘江第一时间看到的就是北高峰。

通过对宋代杭州财神信仰与海上丝绸之路的探讨，以及对这些习俗、风俗的探讨与挖掘，我们可以推测筚路蓝缕地打通“海上丝绸之路”的先辈们的心理历程，他们拥有敢为人先的精神，历经走遍千山万水、想尽千方百计、说尽千言万语、吃尽千辛万苦，求遍各路神仙，终于完成艰难的海上航行，到达目的地。这强大的内心支撑不就来源于对天地神灵的敬畏、对大自然的敬畏、对财富神灵的敬畏吗？找到人们在内心中依赖的财神信俗文化的重要性就是我们研究的目的。

新媒体视域下财神信俗在青年人群中的传播

吕　帅
搜狐浙江总裁

摘要：本文旨在探讨在新媒体环境下，财神信俗文化与当代青年群体祈福、祈富、祈平安需求之间的深度契合现象，以及其在青少年财富观构建中的正向引导作用。通过对财神信俗文化进行了多元解读，揭示了其超越迷信表象的深层社会心理与价值内涵；并结合新媒体的传播特性与影响力，剖析了财神信俗文化在塑造青年群体财富观念、实现个体与社会共富共享愿景过程中的同频共振现象。

关键词：财神信俗；新媒体；祈福

财神信俗作为中国传统民间信仰的重要组成部分，承载着人们对物质富饶与精神安宁的双重期许，尤其在当下社会，其与年轻人的祈福、祈富、祈平安需求产生了强烈共鸣。财神信俗不仅仅是一种对物质财富的期盼，更是精神寄托与道德教化的重要载体。其内涵丰富、寓意深远，与现代青年人的心理需求和社会期待高度契合。新媒体以其广泛的覆盖力、即时性与互动性，成为传播与重塑财神信俗文化的新场域，使得这一古老习俗与现代青年群体形成深度对话与同频共振。

一、财神信俗文化的多元解读与当代价值

比干、范蠡、关羽、柴荣……我国古代许多受后人尊敬的历史名人都成为了各路财神，儒、释、道也在财神信俗上跨界融合。财神信俗并非简单的迷信活动，而是人民群众对美好生活的向往与追求的具象化表达。佛教、道家及古代武将贤人等元素的融入，丰富了财神形象的内涵，使财神成为集道德伦理、智慧勇气、公正公平等多元价值于一体的象征。

财神信俗的内在价值正好迎合了现代青年的精神需求。财神信俗不仅仅是一种对物质财富的期盼，更是精神寄托与道德教化的重要载体。其内涵丰富、寓意深远，与现代青年人的心理需求和社会期待高度契合。

在社会竞争加剧、生活压力增大的背景下，青年人对物质富饶与精神安宁的需求越发强烈。财神信俗提供的祈福仪式、精神寄托与道德教化功能，为他们提供了释放压力、寻求内心安宁、树立正确财富观的途径。所以说，财神信俗与青年人祈福、祈富、祈平安的需求在仪式感与精神寄托上也高度契合。

财神可以说是物质富饶的象征。财神作为掌管财富的神祇，直接对应了青年人对经济独立、生活富足的现实诉求。在现代社会经济压力日益增大、竞争日益激烈的背景下，青年群体对事业成功、经济安全的渴望尤为强烈，对财神的敬仰和祈求，成为他们内心对物质富饶的积极投射。

敬财神是青年群体精神安宁的寄托。财神信仰中蕴含的吉祥、平安、和谐元素，为青年人提供了一种心理慰藉和精神寄托。在快节奏生活中，青年人面对不确定性时，通过参与祭祀财神、祈福等活动，可以缓解焦虑情绪，找到心灵的宁静与平衡，增强面对挑战的信心。

财神信俗契合当代道德伦理的教化。财神信俗倡导的“君子爱财，取之有道”“穷则独善其身，达则兼济天下”等理念，与现代社会强调的诚实守信、公平正义、社会责任等价值观相吻合。通过财神信仰的熏陶，青年人能够树立正确的财富观，理解财富不仅是个人成功的标志，更应被用于服务社会、回馈大众，从而培养良好的职业道德和社会责任感。

二、新媒体对财神信俗传播的重塑与深化

新媒体的崛起，为财神信俗的传播赋予了新的生命力，使其与现代青年人

的生活方式、认知习惯无缝对接。微博、微信、短视频平台等新媒体凭借其即时性、互动性、碎片化、视觉化等特点，打破了地域、时间限制，使财神信俗得以快速、生动、全面地呈现在青年人面前，增强了其吸引力与感染力。

新媒体传播的特征是广泛覆盖与即时传播。新媒体跨越时空界限，使得财神信俗能够迅速、广泛地触达青年群体。无论是微博上的实时更新、微信朋友圈的图文分享，还是短视频平台上对财神信俗礼仪等生动直观的现场直播，都让年轻网民能随时随地接触到财神文化，感受到其鲜活的存在。

新媒体的融媒属性开启了网民们的互动参与与个性化表达的窗口。新媒体的互动性特征，鼓励青年人参与财神信俗的传播与实践中。他们可以通过评论、转发、点赞等方式表达对财神文化的认同，甚至可以自行创作与分享与财神相关的图文、视频内容，个性化地诠释和传播财神信仰。

新媒体对财神信俗传播的赋能，实现路径有下列几种：

(1) 即时性与实时互动。新媒体平台的实时更新功能使得财神信俗的相关活动、节日庆典、民俗专家解读等信息能够被即时传递给用户，缩短了信息传播的滞后时间，使青年人能实时参与在线祈福、话题讨论、直播互动等活动中，增强了其参与感与归属感。例如，春节期间的“接财神”活动，用户可通过直播同步参与各地的祭祀仪式，感受浓郁的节庆氛围。

(2) 碎片化与便捷性。新媒体内容以短小精悍、易于消化的形式呈现，适合青年人快节奏生活中的碎片化阅读习惯。财神信俗的知识、故事、习俗等通过短视频、图文信息、长图等形式被拆分成易于理解、分享的单元，便于青年人在闲暇时刻随时查阅、学习和分享，降低了传统文化学习的门槛。

(3) 视觉化与沉浸式体验。新媒体平台充分利用视频、动画、VR、AR 等多媒体技术，将静态的财神形象与祭祀场景动态化、立体化，为青年人提供沉浸式的视听体验。例如，通过 VR 技术重现财神庙会的全景，让用户仿佛身临其境，深度感知财神信俗的魅力。

(4) 社交网络效应与个性化传播。新媒体的社交属性使得财神信俗相关内容能在社交网络中迅速扩散，形成口碑效应。青年人可以根据个人兴趣定制关注的内容，通过关注相关公众号、加入兴趣小组、参与话题讨论等方式，获得个性化的财神文化信息推送，这进一步强化了财神信俗在青年群体中的影响力。

此外，新媒体的崭新形式促进了跨文化交流与融合创新。新媒体平台鼓励用户创作、分享与财神信俗相关的原创内容，如手绘财神画像、改编财神故事、拍摄财神庙探访 Vlog 等，激发了青年人的创新精神与参与热情。同时，围绕财神信俗形成的线上社群，如粉丝团、兴趣小组、专题论坛等，为青年人提供了交流心得、分享经验、组织线下活动的平台，促进了基于共同兴趣的文化社群建设。

新媒体平台上的财神信俗内容，往往融合了多元文化元素，如动漫、游戏、网络流行语等，使得传统文化与现代流行文化相互碰撞、交融，创造出符合青年审美趣味的新形式。这种跨文化交流不仅增强了财神信俗的吸引力，也为传统文化的传承注入了新的活力。

三、新媒体环境下财神信俗对青年人的正向引导

新媒体环境下财神信俗对当代青年人财富观的树立和形成可以起正向引导作用。新媒体传播的财神信俗内容，如各地各时的祭祀场景、专家解读等，不仅满足了青年人的猎奇心理与娱乐需求，更通过潜移默化的教育引导，帮助他们理解财富的正当获取途径，树立正确的世界观、价值观、财富观，培养自身的社会责任感。

新媒体传播的财神信俗内容，通过生动的故事讲述、专家访谈、文献解读等形式，将传统文化知识以通俗易懂的方式传递给青年人，使他们在轻松愉快的氛围中接受传统文化教育，加深对财神信仰背后道德伦理、历史文化的理解，从而增强文化自信与文化传承意识。

青少年的财富观塑造与社会责任感培养，也是青少年系好人生的第一颗扣子的关键。新媒体传播的财神信俗信息，强调“君子爱财，取之有道”“穷则独善其身，达则兼济天下”等道德原则，通过案例分析、名人事迹传播、公益宣传等方式，引导青年人树立正确的财富观，理解财富积累应以诚实劳动、合法经营为基础，鼓励他们在追求个人财富的同时，关注社会公益，承担社会责任。

当代青年需要心理调适与情感寄托，而新媒体平台上的财神信俗内容，如祈福壁纸、正能量语录、互动祈福小程序等，为青年人提供了心理安慰与情感寄托的渠道。在面临学业、工作压力时，青年人可以通过参与线上祈福、分享祝福语等方式，寻求精神寄托，缓解焦虑情绪，增强面对困难的信心与决心。

四、新媒体语境下财神信俗的国际传播

当代青年、新媒体、信俗……这些元素相遇，为文化的国际传播与跨文化交流打开了无限空间。新媒体的无国界特性使得财神信俗得以跨越地理边界，走向世界舞台。通过海外社交媒体、国际视频平台等渠道，财神信俗的内容吸引了全球范围内的关注，成为展示中国传统文化魅力、增进国际理解与友谊的重要载体。同时，海外华人社群通过新媒体平台组织的财神祭祀活动、线上讲座、文化展览等，既保留了民族传统，又促进了跨文化交流与融合。

政府相关部门与文化机构利用新媒体平台，可以发布相关政策解读、举办线上活动、推广优秀传统文化项目，引导公众正确认识与参与财神信俗活动。这些举措提升了财神信俗的社会关注度，有助于形成尊重传统文化、倡导健康财富观的社会氛围，对构建和谐社会、推动文化产业发展具有积极意义。

财神信俗与新媒体结合，也给商业融合与文化产业创新闯出了新路径。新媒体环境下，财神信俗与商业活动深度融合，可以催生出一系列文化创意产品、数字文创项目、文化旅游业态等。例如，以财神为主题的动漫、游戏、影视作

品、文创商品等，既满足了市场需求，又推动了传统文化的创新性转化与发展。此外，线上祈福平台、虚拟财神庙、数字藏品等新兴业态，借助新媒体技术，实现了传统文化与数字经济的有机融合，为文化产业注入了新的增长动力。

新媒体视域下财神信俗的传播特点与影响在深度上体现在文化传播方式的革新、教育引导功能的强化、心理调适机制的构建以及社群文化的繁荣上；在广度上则表现为国际影响力的提升、政策导向的显现以及文化产业的创新融合。这些共同推动了财神信俗在当代社会的传承与发展，实现了财神信俗与青年人祈福、祈富、祈平安需求的深度共鸣与同频共振。

五、结语

新媒体环境下，青年人通过参与线上祈福、分享财神信俗知识、创作相关主题内容等方式，主动与财神信俗文化产生深度互动，形成线上线下交织的祈福祈富新形态，实现了个体情感表达与集体文化认同的同频共振。这一现象既体现了传统信俗文化在现代社会的活力与适应性，也彰显了新媒体在传承文化、引导价值观方面的强大功能。这种同频共振有助于强化青年人对传统文化的尊重与传承，提升其社会责任感与道德素养。未来，我们应进一步发挥新媒体优势，创新财神信俗的传播方式与内容，使之更好地服务于青年人的财富观构建与社会共富共享目标的实现。

创新理念，对于推动技术创新和科技进步具有很强的借鉴意义。企业应该积极应用新技术、新工艺、新材料，推动技术创新和科技进步，提高产品质量和核心竞争力。

财神信俗蕴含的财富共享理念，与税收作为二次分配工具，调节收入差距、促进社会公平的功能相吻合。合理的税收再分配机制，可以实现财富的有效流动与公平分配，增强社会整体消费能力，进一步拉动经济增长。财神信俗的共享理念可以促进财富再分配。共享理念强调社会的整体消费能力，可以增强社会整体消费能力，从而进一步拉动经济增长；可以促进资源的有效利用，从而提高经济效益。财神信俗中的共享理念可以促进社会和谐发展，为社会创造更多的财富和机会，从而提高人民的生活水平。

财神信俗文化中蕴含的消费升级理念，对于现代消费者需求和消费行为的变化具有很强的借鉴意义。企业应该积极满足消费者需求，推动消费升级，提升品牌形象和市场竞争力。

四、结语

财神信俗是传统民俗文化，是中国传统文化的一部分，而税收则是国家的一种经济政策，虽然二者之间没有直接的联系，但它们都在一定程度上影响着人们的行为和决策。财神信俗和税收之间也存在着一些价值追求上的共识。财神信俗和税收都是以财富为基础，而且在对财富的尊重、公平公正的价值追求及对社会福祉的贡献上达成了共识。财神信俗中的诚信观念和道德情操为当今的财税文化工作提供了重要的文化资源和价值导向。财税文化工作是一种以诚信为本、以道德为核心的文化工作，需要将诚信作为财税文化工作的基石和灵魂。在财路畅通、财源滚滚之时，人们要保持一颗感恩的心，常怀同情善心，通过多做善事来积累德行，提高自己的品德修养和道德水平，从而获得财富。同时要与人为善、助人为乐，帮助别人获得幸福和快乐。

在财神信俗中，有许多关于财富的论述，如《增广贤文》中提到“君子爱财，取之有道”等观点。财路畅通是指通过正当、合法的途径来获得财富，而不是通过非法手段或者不正当途径来获得财富。勤劳致富是指通过自己的努力和劳动获得财富，并不是一种不劳而获的行为。财路畅通和勤劳致富两者之间并不是矛盾和对立的关系，而是相辅相成、相互促进的关系。人们在财路畅通的情况下要坚守诚信理念和道德规范，做到诚信待人、诚信做事、诚信经商、诚信纳税，以实际行动来实现自己的人生价值和社会价值；同时要勇于承担社会责任和义务，积极参与社会公益事业，为社会发展做出贡献。

财神信俗中的诚信理念和财富观为当今的财税文化工作提供了重要的文化资源和价值导向，有助于构建更加公正合理的财税环境，促进社会经济的持续健康发展。在新时代背景下，我们应深入挖掘财神信俗的现代价值，借鉴其公平公正、共享共富的精神内核，提升纳税意识，构建和谐的经济伦理环境，推动社会繁荣稳定，实现全民共享的经济社会发展目标。

Postscript 后记

杭州，这颗镶嵌于江南大地上的明珠，不仅是华夏文明的发祥地，更是中国七大古都之一。跨湖桥文化与良渚文化的遗址，诉说着古代杭州人民的智慧与传奇，流传着无数沁人心脾的故事，为我们留下了丰富的文化遗产。在这个快速发展、日新月异的时代，保护和传承这些文化遗产，除了政府的努力，更需社会各界的广泛参与。杭州北高峰灵顺寺，便是社会力量参与非遗传承与保护的典范，值得我们学习。

近年来，随着中共中央办公厅、国务院办公厅《关于进一步加强非物质文化遗产保护工作的意见》的发布，非物质文化遗产保护工作得到了前所未有的重视。文件明确提出，到 2025 年，要使代表性项目得到有效保护，完善保护传承体系，提升保护传承水平，加大传播普及力度。在这样的背景下，杭州财神信俗作为非遗项目，自 2011 年列入杭州市非遗名录以来，北高峰灵顺寺便始终坚守保护与传承的初心，让保护活动如火如荼地展开，社会影响力与群众参与度持续上升，为非遗保护与传承开创了新局面。

《财神信俗文化研究文集》不仅是非遗保护与传承从活动到理论研究的转变，更是杭州财神信俗非遗项目成果的最佳体现，它为我们的后代研究财神信俗文化留下了宝贵的资料，值得庆贺。此次参与编写的团队阵容强大，内容广泛且丰富。团队汇聚了省内研究民俗文化的知名非遗专家和学者，他们从多角度、多层面深入挖掘杭州财神信俗文化的内涵，拓展了其文化空间，凸显了非遗项目的保护与传承价值。

《财神信俗文化研究文集》的出版，经历了长时间的酝酿与筹备。在专家团队的选择上，既考虑了学术高度与宽度，又兼顾了项目发展的广度，经过不断优化组合，形成了一支既有情怀又有担当、具备深厚理论水平的专家队伍。在编写过程中，团队多次组织专家进行现场调研，召开不同规模的专题研讨会，广泛听取意见和建议，并在内容的筛选、资料的整理和文章的编写过程中，始终坚守学术的严谨性和前瞻性，力求为读者呈现一份高质量的学术成果。

“路漫漫其修远兮，吾将上下而求索。”非遗事业的道路虽然漫长且充满挑战，但只要我们共同努力，便能不断前行。在此，我要衷心感谢杨建新、连晓鸣两位老领导对非遗事业的支持，同时也要感谢各位非遗专家和学者，以及为《灵顺寺民俗非遗文集》付出辛勤劳动的朋友们。让我们携手并进，为非遗事业的繁荣发展贡献自己的力量。

潘小燕·杭州市文化馆副馆长

2024 年 4 月

附图

灵顺寺
财神信俗传承保护
活动照片集锦

2022 年冬

浙江省国际美术交流协会与北高峰书画院雅集花絮

2023 年 11 月 8 日

灵顺寺财神信俗传承保护预备会议

2023 年 11 月 23 日

杭州市北高峰灵顺寺“财神信俗”文化研究院揭幕暨专家下基层——杭州市非遗代表性项目“财神信俗”传承发展座谈会

2023年11月8日

灵顺寺财神信俗传承保护预备会议

2023 年 11 月 27 日

日墨之缘——翰墨财神 • 高峰流韵书法雅集

2024 年 4 月 9 日

杭州市灵顺寺财神信俗非物质文化遗产项目专家座谈会在浙江省文化广电旅游厅二号楼会议室顺利召开

2024 年 5 月 31 日

在杭州市文化馆，省市非遗专家审稿工作花絮

责任编辑：张惠卿
装帧设计：许　兵
责任校对：杨轩飞
责任印制：张荣胜

图书在版编目（CIP）数据
财神信俗文化研究文集 / 释耀慈主编. -- 杭州 ：中国美术学院出版社，2025.4. -- ISBN 978-7-5503-3658-2
Ⅰ. B933-53
中国国家版本馆CIP数据核字第2025YX2376号

财神信俗文化研究文集
释耀慈　主编

出 品 人：祝平凡
出版发行：中国美术学院出版社
地　　址：中国 • 杭州市南山路 218 号　/　邮政编码：310002
网　　址：http://www.caapress.com
经　　销：全国新华书店
印　　刷：杭州捷派印务有限公司
版　　次：2025 年 4 月第 1 版
印　　次：2025 年 4 月第 1 次印刷
印　　张：10.25
开　　本：787mm×1092mm　1/16
字　　数：250 千
印　　数：0001—2000
书　　号：ISBN 978-7-5503-3658-2
定　　价：128.00 元